Arlette Triolaire
Préface du **Dr Jean-Jacques Charbonier**

N'AYEZ PLUS PEUR DE LA MORT

COMMENT PASSER EN PAIX D'UN MONDE À L'AUTRE

Guy**Trédaniel** éditeur
19, rue Saint-Séverin
75005 Paris

*À Bruno et Jonathan,
les deux hommes de ma Vie.*

Sommaire

Préface — 9
En avant-propos — 13

Jour de fête — 19
Mon premier regard sur la mort — 27
Après le départ — 33
Partir et revenir — 39
Renaître de ses cendres — 55
Changement de plan — 69
L'Annonce — 79
Les deux pôles de la vie — 99
Naître au Ciel — 111
La mémoire des ancêtres — 121
L'amour et le pardon — 145
Où commence le Ciel ? — 159
L'Émerveillement — 177
Montée dans la Lumière — 189

Conclusion — 205
Remerciements — 209
Bibliographie — 213

Préface

Voilà près de trente ans que j'étudie les expériences de ces hommes et de ces femmes qui ont vécu l'indicible lors d'un arrêt cardiaque. Leur incursion, souvent très courte, dans l'au-delà a modifié tout le reste de leur vie en leur faisant comprendre que nos missions terrestres ne sont pas celles qui sont dictées par les objectifs matérialistes de nos sociétés occidentales. Après une telle expérience, il ne s'agit plus de gagner beaucoup d'argent pour dominer les autres mais plutôt d'essayer de distribuer de l'amour autour de soi et ceci de manière inconditionnelle. Une vraie révolution dans la routine d'une existence paisible ! Tous les repaires changent, de nouveaux amis arrivent, les anciens se dérobent et d'autres possibles surgissent. Et c'est comme si on tirait sur le petit bout de fil qui dépasse d'une pelote de laine : l'ensemble se déroule simplement avec une facilité déconcertante. Il suffit d'admettre une autre réalité demeurée inaccessible si on n'a pas connu l'indicible : celle du monde invisible.

Et c'est ce que fait Arlette Triolaire dans son parcours de vie. L'origine de son histoire qui est en quelque sorte son « petit bout de laine » est un traumatisme subi dans ses jeunes années : la mort de son père ; un événement somme toute aussi banal qu'un retour à la vie après un arrêt du cœur, mais qui ne constitue pas pour autant un simple épisode triste sans lendemain. Ce bouleversement l'amène au contraire à s'interroger sur le sens de la vie et signe le début d'une quête spirituelle. À partir de là, tout s'enchaîne. Et on suit volontiers l'auteure de cette autobiographie dans les différentes étapes de son chemin initiatique. Ses relations amoureuses, ses rencontres, ses épreuves, un cancer de la peau et même ses balades en montagne, nous la révèlent comme une personne sensible qui essaye au mieux de franchir des obstacles placés de plus en plus haut. Cette épopée bouleversante nous amène à considérer notre passage terrestre comme une succession d'examens qu'il faudrait valider pour évoluer et grandir. Il faut bien reconnaître en la lisant que « l'examinateur » fut avec elle souvent sévère dans ses choix, mais aussi qu'il parvint malgré tout à lui tendre une main salvatrice à la dernière seconde pour la sortir de l'impasse. Ce sentiment indispensable d'être « guidée » et « accompagnée » permet de refaire surface. Il est vital, et on comprendra pourquoi en lisant ce texte. Je ne veux en rien dévoiler l'histoire de ce livre. Il faut laisser aux lecteurs le plaisir de la découverte et des surprises car il y en a beaucoup dans le texte. Ce que je peux quand même écrire, c'est que cet ouvrage vient renforcer les messages reçus par 18 % des personnes qui ont connu des arrêts cardiaques et par la majorité des participants à mes ateliers d'hypnose. Les informations venant de l'au-delà dans ces circonstances sont unanimes. Elles nous disent que rien n'est grave, pas même les pires épreuves de nos vies. Nous sommes descendus sur Terre pour faire des expériences. Plus nous avons « la chance » d'être confrontés à des expériences difficiles et plus nous avons l'occasion de progresser sur le plan spirituel. Cet enseignement est bien sûr inaudible quand on doit affronter la douleur de l'obstacle qui semble sur le coup infranchissable et totalement injuste. Mais il devient beaucoup plus compréhensible quand on prend de la distance et de la hauteur. Merci à Arlette Triolaire de nous le démontrer d'une

Préface

façon aussi magistrale. La lecture de cet ouvrage est finalement d'un puissant réconfort face aux épreuves de l'existence. Bonne lecture à tous. Une fois ce livre refermé, vous saurez qu'il faut apprendre à « vivre infiniment ».

Docteur Jean-Jacques Charbonier

En avant-propos

Premiers pas sur le chemin

Le décès de mon père marque le premier jour de ma quête de Vérité sur la question de l'après-vie. Je venais juste d'avoir 30 ans. Ce départ auquel je n'étais pas préparée, cette mort qui m'était à l'époque totalement étrangère, m'a poussée quelques mois plus tard à quitter Paris, cette ville où j'étais née et dans laquelle je commençais à étouffer, me sentant emprisonnée dans une vie pour laquelle je n'étais pas faite… Ce jour-là fut aussi le premier pas sur mon chemin d'évolution spirituelle.

Tout naturellement, c'est vers un pays de montagnes que je me dirigeai, les conditions de mon « évasion » y semblant plus propices : l'air y était plus pur et je pourrais y respirer à pleins poumons un vent nouveau de liberté. D'autre part, un travail m'attendait ainsi qu'un logement, provisoire bien sûr, mais une fois sur place je savais que je trouverais l'endroit où m'installer.

Ce fut donc dans la vallée de Chamonix que je posai mes bagages, prête à l'ascension ! Je ne savais pas encore que j'allais vraiment effectuer un tel exploit, aussi bien dans ma vie terrestre que sur le plan spirituel. Je ne savais pas non plus, dans les deux cas, combien serait dure la pente à gravir... Il me fallut traverser neuf années d'initiation, neuf années de joies intenses et de liberté, mais aussi de déboires et de malchance, d'errance à travers des épreuves en tous genres dont quelques-unes ont déjà été relatées dans mon dernier livre[1]. Neuf années, chiffre symbolique de l'accomplissement, qui m'ont conduite à la rencontre de moi-même, dans mes plus grandes fragilités mais aussi, pour finir, dans ma plus grande force...

Des années plus tard, alors que je me retourne sur le chemin parcouru, je vois – ô combien précisément! – depuis ce point où se précise le but auquel je suis presque arrivée, toutes les étapes franchies, les obstacles dépassés, les passages étroits auxquels je me suis écorchée, les pierres sur lesquelles mes pieds ont buté, je vois à présent ce chemin initiatique qui n'aurait pu être ni différent ni meilleur pour me conduire jusqu'à ce moment précis où j'écris ces pages. Et j'envoie au Ciel toute ma gratitude pour l'aide reçue, pour la présence immanente de Ceux qui m'ont entre-temps, de leurs mains invisibles et aimantes, si prévenantes, offert tant de cadeaux, parfois simples et parfois grandioses, après chaque effort, après chaque but atteint, après chaque rencontre avec d'autres « moi » à qui j'ai pu apporter de l'aide ou qui ont simplement partagé ma route... Il y a en mon cœur tant d'Amour et de gratitude pour la présence constante de ces Êtres de Lumière! Comment ne pas partager cet Amour avec ceux qui en ont eu et en ont encore besoin?

Si la mort de mon père m'a poussée à aller à la rencontre de l'Au-delà, c'était afin que je le connaisse sous toutes ses formes, et pas seulement sous l'aspect de la mort physique, même si elle est la plus grande peur pour la majeure partie de l'humanité. C'est aussi que je devais connaître d'autres morts, par et pour moi-même, les accepter et les transcender...

---

1. *Triomphez des épreuves de la vie grâce à la Communication profonde*, Éditions le Temps Présent, 2014.

En avant-propos

Car avant d'être confrontés à cette mort définitive (semble-t-il…), il y en a bien d'autres à rencontrer, à connaître et à accepter. C'est d'ailleurs en affrontant ces différentes « autres morts » que j'ai pu, enfin, vraiment, « Vivre Infiniment » tout ce que la Vie m'a proposé ensuite…

Je souhaite préciser ici que ce livre ne se veut pas un ouvrage supplémentaire sur le sujet de la mort ni celui des EMI[2]. Tant d'autres éminents chercheurs se sont penchés sur ces expériences, passionnantes par ailleurs. J'ai moi-même parcouru un grand nombre de ces ouvrages qui m'ont apporté un grand réconfort après la mort de mon père, à commencer par le livre de Raymond Moody, médecin psychiatre américain qui a été le premier à publier *La Vie après la vie* au tout début des années 1980. Ce fut un best-seller vendu à plusieurs millions d'exemplaires et traduit en plusieurs langues. Mais c'est dans la foulée de cette lecture que j'ai rencontré un enseignement spirituel[3] qui a été capital pour mon évolution et déterminant pour la suite de ma vie, particulièrement par la connaissance de ce processus de la mort que nous sommes tous appelés un jour ou l'autre à expérimenter. Cet enseignement ne se contente pas d'apporter des éléments de réponses à tous les questionnements sur ce sujet essentiel de la mort et de l'après-vie, mais il apporte également un éclairage sur le sens de la vie, sur la constitution spirituelle de l'être humain et sur son rôle dans la Création et sur cette Terre. Un enseignement spirituel capital contenu dans une œuvre qui appelle plutôt à « Vivre infiniment » et en conscience l'incarnation présente afin de comprendre

---

[2]. EMI : Expérience de mort imminente (connue aussi sous le nom de NDE pour Near Death Experience, terme employé par Raymond Moody dans son livre *La Vie après la vie*).
[3]. *Dans la lumière de la vérité* d'Abd-ru-shin, nom d'auteur d'Oscar Ernst Bernhardt – Éditions françaises du Graal, 1979.

les raisons de notre présence sur cette Terre pour, le moment venu, rejoindre notre Patrie d'origine où nous connaîtrons la Vraie Vie de l'esprit.

C'est dans cet enseignement que j'ai trouvé la Force et le courage de me remettre au monde par moi-même en repartant sur de nouvelles bases, en ayant fait table rase de toutes mes anciennes croyances et de toutes les erreurs que j'avais accumulées au cours de mes quarante premières années de vie. J'ai pu comprendre que ces erreurs avaient été nécessaires afin d'être prête à accueillir par la suite tous ceux qui allaient avoir à croiser ma route afin que, ayant pu baliser auparavant le chemin qui menait à ma liberté d'être, je puisse leur montrer comment retrouver la leur…

La vie terrestre n'est qu'une « réalité illusoire » que nous avons soigneusement élaborée dans les plans supérieurs avant de nous incarner sur cette Terre, choisissant un « plan de route » bien précis, décidant des conditions dans lesquelles nous allions nous incarner (pays, famille, religion – ou non –, et jusqu'aux leçons de vie à apprendre, appelées « épreuves ») pour y évoluer vie après vie et permettre qu'évolue avec nous et par nous l'ensemble de l'humanité… Et l'unique « moteur » de cette évolution est l'Amour ! Toute action que nous ferons sera semblable à un arbre stérile si pour l'accomplir nous oublions l'Amour, y compris et d'abord pour nous-mêmes… Nous reverrons dans ces pages de quelle façon se font nos choix d'âme.

Lorsque notre enveloppe physique sera si usée que notre « âme » – certains préféreront l'appeler « conscience » – ne pourra plus subsister soit en raison du grand âge, soit en raison d'une maladie incurable, soit à cause d'un accident entraînant la mort, alors nous laisserons ce corps de matière inutilisable sur ce plan d'incarnation qu'est la Terre. N'est-il pas précisé à Adam : « c'est à la sueur de ton visage que tu mangeras ton pain, jusqu'à ce que tu retournes dans la terre ; car tu es poussière et tu retourneras dans la poussière » (Gn 3:19) ? Autrement dit, « tu es fait de la même composition que la terre et tu devras laisser tes restes terrestres à celle qui t'aura nourri… » Nous verrons au fil de ces pages combien cette allégation est juste, mais aussi à travers la compréhension du processus du décès, combien cette disparition du corps physique n'est pas la disparition de ce qui l'a habité durant toute une vie incarnée : cette conscience qui aura mis bien des années à évoluer en comprenant au fil du temps le sens et les raisons qui l'ont poussée à venir expérimenter cette vie terrestre.

Avant de me projeter dans cette écriture, mon intention était avant tout de permettre au lecteur une vision différente de la vie et de la mort, moins dramatique dans son déroulement lorsque l'on considère que l'ensemble naissance-vie-mort est un processus naturel. Se familiariser avec ce processus en le connaissant parfaitement n'enlèvera certes pas la souffrance de la maladie ni celle de la séparation d'avec ceux qu'on aime au moment de leur départ. Mais au moins sera-t-il un Arc-en-Ciel au milieu du ciel noir, chargé de peine à l'idée qu'on a perdu ou que l'on va perdre notre être cher… ou que l'on va devoir, de toute façon, mourir soi-même.

Dans des temps reculés, l'Arc-en-Ciel était le symbole de la Présence et de la Protection omniprésente de Dieu sur la Terre et sur toutes les espèces vivantes qui l'habitaient. L'oubli a permis que s'installe l'ignorance de ces « choses de l'esprit »… La Connaissance seule peut nous guider à nouveau avec confiance dans ce Passage que nous devrons tous faire avant d'emprunter « la porte étroite » (Lc 13:24) qui ouvre sur les mondes de l'Au-delà…

Jour de fête

> « La vie est une fête. Habille-toi pour ça. »
> – Audrey Hepburn

Au moment où je vais m'installer devant l'ordinateur pour commencer l'écriture de ce livre, ces mots viennent résonner dans ma tête sans que je sache vraiment d'où ils viennent… « Jour de fête. » Il est vrai que j'ai de la joie au cœur en commençant ma tâche dans ce lieu magnifique ! Pourtant, comme à son habitude, mon cher mari vient juste de repartir après m'avoir installé tout le matériel informatique nécessaire pour l'accomplissement de cet ouvrage. Nous allons être séparés durant tout un mois et au lieu d'en être attristée – bien qu'un petit pincement au cœur se fasse ressentir en voyant la voiture s'éloigner –, les premiers mots qui m'arrivent sont « Jour de fête ! » Docile, je les écris en tête de ce chapitre et reste un instant en arrêt devant eux. Je tente de comprendre le message, car il ne m'arrive jamais rien dans ces moments d'inspiration qui ne soit sans raison. Un regard au calendrier me dit que demain nous serons le 17 juillet, jour de la Sainte-Charlotte. Tiens, tiens ! C'est ma sainte patronne dont je sais qu'est issu le prénom que je porte (Arlette = Charlette = Charlotte)! Serait-ce que, déjà, une communication veut se faire avec cet espace invisible tout à côté de moi, me souhaitant une « bonne fête » à bon escient ? Car je ne me suis jamais inquiétée auparavant de savoir quel était le jour de ma fête (j'ai cru longtemps que je n'en avais pas !) et je découvre aujourd'hui cette synchronicité. Cet aspect d'une réalité que je ne peux nier est assez amusant pour qu'il m'interpelle ! Poussant la curiosité un peu plus loin, je vais chercher sur Internet l'information concernant sainte Charlotte : « Doyenne des carmélites de Compiègne qui furent guillotinées à Paris durant la Grande Terreur en juillet 1794 »! Cela me rappelle un film qui m'avait frappée, au début des années 1960, *Le Dialogue des carmélites* de Philippe Agostini, inspiré par le roman de Gertrud von Le Fort *La Dernière à l'échafaud*. Avec une distribution d'acteurs remarquables, j'avais vécu ce film le cœur serré, et j'en étais ressortie imprégnée et impressionnée par la dignité et la foi de ces religieuses qui, l'une après l'autre, allaient vers leur mort en chantant un cantique avant d'être exécutées...

Cette découverte m'interpelle, car j'ai toujours senti au plus profond de moi que j'avais dû avoir une vie de religieuse... Cependant, si tant est que le souvenir de l'âme durant cette vie passée puisse perdurer dans une vie future, celle-ci m'avait sans doute suffisamment marquée pour que j'aie toujours eu un recul immédiat devant l'engagement des femmes dans un ordre religieux, quel qu'il soit. Et il aurait été inimaginable pour moi d'entrer dans les ordres ! D'ailleurs la religion m'ayant rejetée dans cette vie au moment de mon divorce, je l'avais moi-même quittée avec un certain soulagement, certaine que je ne pourrais plus rien apprendre d'elle. Une religion qui vous ferme la porte de son église aux moments où l'on a le plus besoin de Dieu n'est pas vraiment un modèle d'Amour inconditionnel !

Il fallait donc que ce soit aujourd'hui en particulier, veille de la Sainte-Charlotte, que ces mots « jour de fête », s'imposent à moi sans que je m'y attende… Attendant une suite éventuelle à ces mots et n'en recevant aucune, je pris conscience que j'allais rester tout un mois dans ce lieu particulier à écrire et que ce lieu ne devait pas non plus être étranger à l'histoire… D'ailleurs, je l'avais rencontré seulement quinze jours auparavant, comme si nous nous étions donné rendez-vous et que toutes les conditions aient été réunies pour que ce rendez-vous ait lieu. Car trouver une location libre durant un mois en pleine période d'été dans un endroit aussi paradisiaque, dans le silence et le calme pour y trouver l'inspiration, ne peut pas être le fait du hasard mais un effet de la Providence divine !

Il me faut donc vous raconter son histoire, car c'est bien un lieu particulier, justement chargé d'Histoire, qui mérite que l'on s'y attarde tant il y a de bonnes raisons pour qu'on se soit rencontrés !

C'est ce qu'on appelait autrefois une « maison forte[1] » dont les pierres les plus anciennes datent du XIIIe siècle. Au fil du Temps, elle est devenue un domaine de résidence bourgeoise, pour finir divisée en trois lots vendus à la fin du XIXe siècle à des agriculteurs. Le temps aidant, les habitants ont disparu et les lieux sont tombés en ruines… La Nature reprenant alors ses droits, les lieux ont été envahis d'une végétation sauvage qui a fini par avoir raison de ces bâtiments.

Dans les années 1970, un couple « tombé en amour » devant ces ruines et cet endroit privilégié décide alors d'acheter le domaine et de lui redonner son allure et sa superbe d'antan… Vingt ans plus tard, à force de passion et de travail, la Maison Forte renaît, se redresse fièrement de son passé, et devient maison d'hôtes, accueillant des personnes à la recherche d'un endroit ressourçant pour des vacances. C'est un endroit hors du monde et de son agitation, un lieu privilégié où le temps s'est

---

1. Construction témoignant de l'architecture militaire médiévale.

arrêté sur un silence uniquement peuplé du crissement des ailes des cigales l'été... Les paysages de vignes et d'églises romanes disséminées sur les collines avoisinantes sont éclaboussés de soleil à la saison chaude, recouverts de neige l'hiver... Je connais ces lieux pour avoir vécu à quelques kilomètres de là, durant les trois années de ma propre « reconstruction » psychique, après ma descente aux enfers vécue au début des années 1980 et déjà relatée dans mon dernier livre[2].

Il y a deux ans, j'étais déjà venue avec mon amie Denise dans ce lieu particulier en tant que visiteuse... Elle souhaitait me le faire découvrir en même temps qu'une petite chapelle qui se trouvait huit cents mètres plus haut, chapelle réhabilitée de la même façon par les propriétaires de la Maison Forte... Lors de cette visite, j'avais ressenti sur les lieux des vibrations particulières, une énergie qui se dégageait inexplicablement de cet endroit. J'avais remarqué au sol une dalle singulière disposée en travers, sur la droite, tout de suite après avoir pénétré dans la chapelle : une tombe très ancienne, m'indiqua Denise. Elle me raconta que lorsque ses amis – Pierre et Anne – avaient réhabilité les lieux, la chapelle était à ciel ouvert, elle aussi envahie par les broussailles et les ronces. Elle avait été l'objet d'une donation faite à Anne et Pierre. Son ancienne propriétaire, une comtesse – qu'on appelait aussi avec respect « la Demoiselle » –, leur avait légué à sa mort cette ruine à leur grande surprise. Les moines bénédictins de Fontgombault[3] avaient de leur côté hérité du château de la comtesse, dans lequel ils trouvèrent entreposés des matériaux anciens qu'elle avait rassemblés toute sa vie avec passion afin de restaurer cette chapelle. Les

---

2. *Au commencement était l'amour* – Éditions le Temps Présent, 2014.
3. L'abbaye Notre-Dame de Fontgombault, universellement connue, est un haut lieu de prière où vivent des moines bénédictins de la congrégation de Saint-Pierre de Solesmes.

moines ont alors donné une partie de ces matériaux laissés par « la Demoiselle » à Anne et Pierre, afin de leur permettre d'accomplir le rêve de leur donatrice : faire revivre la chapelle des Gillons. Ces ruines ne demandaient qu'à ressurgir de leur passé avec l'aide de mains courageuses. Pierre avec l'aide d'un ouvrier se mit hardiment à la tâche.

Aujourd'hui, cette chapelle se dresse fièrement en haut de la petite colline qui domine le village de Châtillon-Saint-Jean. Deux magnifiques cloches, offertes par de généreux donateurs, ornent aujourd'hui le clocher réhabilité et, certains soirs, à l'heure de l'Angélus, on peut entendre sonner joyeusement ces cloches, rappelant des souvenirs anciens, lorsque les paysans ayant fini le travail des champs laissaient leurs faux et leurs fourches à terre pour se recueillir avant de rentrer dans leurs fermes pour le dîner du soir.

Exceptionnellement, aujourd'hui ces cloches peuvent aussi carillonner pour célébrer un mariage ou tout événement majeur pour lequel un prêtre peut être appelé à officier… comme pour les enterrements.

Ce matin, j'ai eu de nouveau l'occasion de retourner sur ce lieu vibratoire si particulier avec Pierre. C'est ainsi que j'ai pu en savoir un peu plus sur cette chapelle. En dehors de son histoire – passionnante mais qui a plus à voir avec des événements historiques qu'avec le sujet spirituel qui m'intéressait –, j'ai appris qu'à l'occasion des fouilles qui avaient eu lieu lors de la réhabilitation de la chapelle, de nombreuses sépultures avaient été découvertes datant des siècles passés jusqu'à la période médiévale et, notamment, un nombre important de moines, de curés, et d'autres membres du clergé. Ceux-ci étaient enterrés sous la chapelle et ses alentours immédiats. À l'extérieur de ce périmètre on retrouvait d'autres tombes mais celles-ci étaient celles de paysans et de gens des villages avoisinants… Autrement dit, la chapelle surplombait un vaste cimetière sur tout un hectare et sur plusieurs couches ! Quant à la tombe qui avait retenu mon attention à l'entrée de la chapelle, il s'avéra qu'elle datait de l'époque néolithique (4 000 ans avant notre ère !).

Sans aucun doute, beaucoup de ces âmes pouvaient encore être retenues ici dans la matière, du moins pour celles qui étaient décédées sans savoir ce qui les attendait après leur départ dans l'au-delà. Or, le temps n'existe pas dans cet espace invisible touchant notre monde terrestre, cet « au-delà » nommé aussi plan astral. Le regard de l'âme pouvant continuer à percevoir notre monde, il me semblait soudainement que tous ces morts étaient là à attendre de savoir comment faire pour trouver la « sortie ». Autrement dit, ce lieu était vraiment un endroit de prédilection pour venir écrire sur un sujet aussi important que la mort et l'après-vie. Je n'étais donc pas arrivée sur ce lieu pour rien ! Car le monde des vivants et les mondes de l'au-delà s'interpénètrent dans une connexion infrangible, invisible mais réelle, qui pourrait nous surprendre si nous savions combien cette *reliance* peut être bénéfique et précieuse pour les vivants comme pour les défunts… Et je souris à l'idée qu'il puisse y avoir de nombreuses âmes lisant ces lignes par-dessus mon épaule au fur et à mesure qu'elles s'écriront !

Cette sensation de connexion au-delà du temps m'avait déjà effleurée lorsque, quinze jours auparavant, j'étais revenue sur ces lieux de mon passé pour assister à l'inhumation de mon amie Anne-Marie, décédée après cinq ans d'une maladie orpheline qui l'avait paralysée progressivement jusqu'à en mourir… C'est lors de ce déplacement pour ses obsèques que je pus trouver, le jour même, ce lieu où j'écris aujourd'hui, dans la Petite Maison d'Amis, telle qu'elle se nomme, que m'ont louée Pierre et Anne.

Jour de fête

Quant à mon passé dans cette belle région, un autre récit s'imposera dans la suite de ces pages qui montrera avec évidence le Doigt de Dieu – qu'on appelle souvent improprement le hasard – me conduisant toujours aux bons moments aux bons endroits. Si l'on suit avec confiance le chemin qui semble nous appeler, aussi ardu qu'il puisse sembler, alors peut s'accomplir la tâche qu'une âme a choisie : en m'arrêtant trente-cinq ans plus tôt dans cette belle campagne drômoise, après avoir demandé à Dieu de conduire pour moi la barque sur laquelle je ramais – qui, à cette époque, prenait l'eau de toute part ! –, je ne doutais pas un seul instant que j'avais enfin fait le bon choix et que ma nouvelle vie prendrait tout son sens ici. Ce fut le cas. Car c'est ici que toute peur de l'avenir me quitta.

Mon premier regard sur la mort

« La mort n'est pas plus proche du vieillard que du nouveau-né.
La vie non plus. »
– Khalil Gibran, *Le Sable et l'écume*

Tous les maux du monde, toutes les peurs humaines, toutes les angoisses se trouvent réunies, amalgamées, compactées dans ce seul mot : *ignorance* ! À commencer par la peur ancestrale de la mort… Ceux qui l'ont niée n'en sont pas moins partis en fermant les yeux sur cette vie avec la peur qu'il n'y ait rien après.

Mon premier mort fut donc mon père – père aimé que j'imaginais éternel ! Il s'est envolé – comme on a coutume de le dire – au matin d'un dimanche d'automne, alors que j'étais partie en week-end chez des amis à la campagne. C'est en rentrant chez moi le dimanche soir que je trouvai un mot de mon frère sur ma porte : « Viens chez les parents aussitôt que possible »… Je ne rentrai même pas et repartis précipitamment en direction de la maison familiale, le cœur battant la chamade… J'y retrouvai

N'ayez plus peur de la mort

mes autres frères, ma mère, des voisins, des amis, tous avaient les yeux rougis, mouchoirs en boule dans les mains crispées. J'eus l'impression que le sang se retirait de mes membres alors que je prenais conscience que Papa nous avait quittés…

Je venais tout juste d'avoir 30 ans. Nous les avions fêtés quinze jours auparavant à la maison. Ce fut l'occasion de nous réjouir de son rétablissement après une double opération un mois auparavant… Il avait été si joyeux lors de cette journée qui s'était prolongée jusqu'à 23 heures, ce dont il n'était pas du tout coutumier ! Et il m'avait donné l'impression de goûter pleinement cette belle journée, semblant animé d'une énergie nouvelle, signe d'une santé retrouvée… Regain de vie, joie d'avoir les siens autour de lui, mon père avait semblé puiser à l'amour de sa famille la force de tenir jusqu'à cette heure tardive pour profiter le plus longtemps possible de la présence de mes frères et de leur famille ainsi que de la mienne. Comment était-il possible qu'il se soit éclipsé ainsi, si rapidement, sans bruit, comme sur la pointe des pieds pour ne déranger personne ? Que s'était-il passé ? *Arrêt cardiaque…* répondit ma mère à mon regard noyé de larmes. Puis elle se dirigea vers la chambre où il reposait. Les jambes en coton, je la suivis pour aller lui faire un dernier adieu…

Je n'imaginais pas la mort. Je n'avais jamais vu de mort ni de près ni de loin. Cela peut sembler étonnant mais nous vivions à une époque où les informations télévisées étaient encore en noir et blanc et où les reportages ne couvraient pas les conflits de guerre dans le monde de façon aussi réaliste qu'aujourd'hui.

Malgré tout l'amour que je portais à mon père, lorsque ma mère ouvrit la porte de la chambre je reculai, démunie et effrayée devant le visage figé et livide entouré d'un tissu blanc tenant sa bouche fermée, visage que la vie avait quitté… Ce n'était plus lui. Je refusai d'aller plus avant. Je ne voulais pas garder cette image de l'homme qui m'avait donné la vie et apporté tant d'amour… Je ne voulais garder de lui que le souvenir joyeux de mon père quinze jours auparavant alors qu'il savourait le moment présent de ce jour de fête… Je ne connaissais pas encore ce phénomène, propre à la fin de vie, qui permet à la personne qui va quitter ce monde de ressentir une sorte de rémission avant le grand départ, comme si de nouvelles forces lui revenaient pour assumer le passage…

Confuse et comme honteuse de ma réaction, je me précipitai dans les bras de ma mère et cachai ma tête dans son cou comme la petite fille que je redevenais devant ce premier spectacle de la mort! Qui allait m'expliquer ce mystère de la disparition d'un être si cher, un être que l'on avait connu durant toute sa vie, que l'on croyait éternel et qui venait de disparaître à jamais dans ce qu'il était coutume d'appeler «un monde meilleur» semblant se situer dans le Ciel…? Mais quel monde? Et quel «Ciel»?

La notion de vie éternelle, apprise au catéchisme lorsque j'étais enfant, était trop vague – ou trop vaste – pour me permettre d'accepter ce départ sans retour… Les explications concernant cet autre monde restaient absentes, bien cachées sous les airs entendus de ceux – même religieux – qui ne se risquaient pas à expliquer les mystères de la vie et donc encore moins à parler du mystère de la mort…

De ce moment, je pris la ferme résolution d'aller chercher où se trouvait cet «autre monde», décidée à mettre tout en œuvre pour obtenir les réponses à mes questions, notamment sur le sens d'une vie comme celle de mon père.

**

Je ne souhaite pas m'étendre ici sur ce que fut son existence. Je l'ai fait assez précisément dans mon précédent ouvrage intitulé *Au commencement était l'amour* (p. 144). J'y renvoie donc le lecteur qui serait curieux de connaître sa vie d'homme simple et droit, tout empreint de bonté et de tolérance en même temps que d'une grande culture et d'une intelligence vive. Il est pourtant bon que j'en évoque rapidement le chemin de vie, même succinctement, de façon à situer dans quel milieu j'ai grandi, nourrie intellectuellement par ce père dont je fus la seule fille parmi ses sept enfants…

Mon père se disait « athée ». Il ne croyait en aucune religion et doutait de Dieu. Il souhaita néanmoins que nous allions étudier le catéchisme, nous disant que cela ne pouvait pas nous faire de mal et nous transmettrait des valeurs ! Lorsque plus tard je lui demandai s'il croyait à l'existence de Dieu, il me répondit comme le sage qu'il était : « Je ne sais pas si Dieu existe, je suis trop petit pour savoir cela. Mais s'Il existe, Il me reconnaîtra quand je partirai car j'ai toujours mené ma vie droite. Je crois cependant à ma bonne étoile car si je suis là malgré la guerre, c'est qu'elle m'a protégé. »

Né d'un père militaire de carrière – élevé au grade de colonel et décédé assez jeune d'une maladie de l'estomac – et d'une mère couturière qui éleva seule ses trois enfants avec sa pension de veuve et son travail, mon père vit le jour à la fin du XIXe siècle en Lorraine où mon grand-père était en garnison, logé avec toute sa famille à Baccarat. Ma grand-mère était une femme de caractère et après son veuvage, elle fit en sorte que ses enfants ne manquent de rien mais ne se remaria pas. Elle fut ma marraine à ma naissance, et plus tard j'appris de mes demi-frères et de mes cousins que dans la famille, on l'appelait « la colonelle » tant son autorité était légendaire ! Mon père était le troisième et dernier enfant de ma grand-mère et semblait avoir bénéficié d'une certaine indulgence de sa part face à ses deux sœurs aînées. Sa naissance en 1897 l'amena à connaître deux guerres mondiales. Il revint de celle de 1914-1918 après avoir été gazé dans les tranchées, épisode tragique qui le marqua à vie, lui laissant un emphysème pulmonaire qui lui procura jusqu'à la fin de ses jours des quintes de toux paroxystiques à ne plus pouvoir reprendre son souffle… Plus tard, la guerre de 1940 lui prit son fils aîné, alors âgé de 18 ans, qui fut fait prisonnier sur la frontière russe et mourut dans les camps allemands. Entre-temps, mon père avait également vu partir de tuberculose sa première épouse qui lui laissait leurs trois enfants âgés de 12, 14 et 16 ans…

Lorsqu'il épousa ma mère – de vingt ans plus jeune que lui –, ses enfants étaient déjà devenus de jeunes adultes autonomes. Il était encore assez jeune pour envisager de fonder une nouvelle famille et c'est ainsi que nous sommes arrivés, mes trois autres frères et moi, dans cette seconde partie de la vie de mon père. Il travailla toute sa vie dans les bureaux d'une banque où il finit, après quarante-cinq ans de carrière, comme simple chef de service. Cela étant, nous n'avons jamais manqué de rien, et surtout pas d'amour de sa part. Ma mère, d'origine polonaise, était une femme énergique et courageuse. Mais d'humeur changeante, elle pouvait passer d'un moment à l'autre du rire à l'autorité sans prévenir. Ce qui désarçonna mon père toute sa vie. Il dut souvent faire preuve d'une grande patience pour ne pas envenimer des situations conflictuelles dont l'objet principal était souvent le manque d'argent en fin de mois… Cependant, nous fûmes toujours à l'abri du besoin, même si nous faisions partie d'un milieu modeste et ouvrier.

La fin de vie de mon père fut douloureuse en raison d'un glaucome aigu[1] qui lui fit perdre la vue d'un œil. Dès lors, son pas fut hésitant. Sa démarche mal assurée ne lui permettait plus de sortir seul et il devint taciturne, lui si joyeux qui chantait et jouait du banjo lorsque nous étions enfants ! Puis un jour d'été, dans l'année de ses 75 ans, il fut pris de calculs rénaux qui lui furent fatals. Après qu'une première opération eut échoué en

---

1. Le glaucome aigu par fermeture de l'angle est une urgence ophtalmologique qui se caractérise par une augmentation brutale de la pression intra-oculaire pouvant aboutir à des complications graves. La pression de l'œil devient si forte que la douleur en est insupportable. J'ai vu mon père supplier qu'on lui enlève son œil, ce qui a été fait rapidement. Ce fut pour lui une mutilation.

raison de ses accès de toux, il fallut procéder à une seconde intervention qui le laissa très affaibli et qui finit par avoir raison de ses forces un mois plus tard, non sans avoir connu cette « embellie » pour mes 30 ans… C'est ma mère qui, inquiète de ne pas l'entendre se lever à son heure habituelle, le trouva – comme endormi – le matin de ce dimanche. Il était parti dans son sommeil…

Après son départ, la seule question qui s'inscrivit dans mon cœur et dans ma pensée fut celle-ci : quel sens donner à une telle vie de souffrance et de deuils si Dieu n'existe pas et s'il n'y a pas une vie après la mort ? Je n'ai eu dès lors qu'une seule idée, un seul but : comprendre où était passée l'âme de mon père et trouver une réponse qui soit fiable, preuves à l'appui !

Après le départ

> « *Il n'est que l'expérience menée à terme qui libère.* »
> – Christiane Singer, *Dernier fragment d'un long voyage*

Le bruit familier des touches du clavier dans le silence de la pièce berce insensiblement la jeune femme dont je tiens la main afin de lui permettre d'exprimer, à travers la Communication profonde, les émotions qui ont bouleversé son enfance… Je sais que les larmes qui coulent en ce moment sur ses joues sont des larmes de libération… Libération des non-dits d'une petite fille qui n'a pas compris, alors qu'elle n'avait que 6 ans, pourquoi ni où avait disparu sa mère. Elle était décédée d'une rupture d'anévrisme et l'enfant qu'elle était avait dû se contenter de ce mot barbare pour accepter son départ. Le chagrin de son père l'avait déstabilisée encore un peu plus, et elle ne savait comment à la fois consoler son père et se passer de sa mère… Qui allait lui expliquer qu'on peut disparaître ainsi d'un jour à l'autre à cause de « la mort » ?

En même temps que j'accompagne son doigt pour écrire ses mots sur le clavier, j'ai dans le cœur une grande compassion, une grande tendresse pour l'enfant cachée au plus profond de cette femme dont l'âme dévoile sa première grande souffrance et sa plus grande peur : la mort ! C'est la première chose grave que la petite fille ait apprise de la vie... Elle exprime combien ce malheur était arrivé en plein moment de bonheur et de joie de vivre : « corde à sauter et roulades dans l'herbe, sauts à pieds joints dans les flaques de pluie, éclaboussée de rires... mais maman ne rira plus jamais. » Une maman qui ne serait plus là pour voir grandir son enfant que l'insouciance et la joie de vivre auraient à jamais déserté !

La Psychophanie ou Communication profonde, que j'ai pratiquée durant ces quinze dernières années[1], est la seule façon d'accéder à une émotion profondément enfouie et non dite dans la petite enfance. Cette petite fille, en l'adulte qu'elle est devenue, est marquée du sceau indélébile de la séparation d'avec une mère dont les souvenirs se sont floutés avec le temps... Pourtant, aujourd'hui, cette peur de la mort la rattrape. Parce qu'elle y est confrontée là, maintenant, dans l'urgence. Cette fois, c'est son père qui est en train de partir, de l'abandonner à son tour, lui qui a consacré sa vie à l'aimer, à l'élever, lui qui a été père et mère à la fois, qui l'a aidée à devenir qui elle est aujourd'hui, à qui elle doit d'avoir fait de bonnes études, d'avoir reçu des valeurs morales et intellectuelles qui ont nourri sa jeune vie, lui qui fut quelque part son mentor pour l'amener jusque sous les lumières de la réussite à ce poste mérité de professeur d'université qu'elle occupe. Un poste enviable mais qui ne l'a jamais conduite à se poser les questions essentielles sur le sens de sa vie...

---

1. Communication profonde ou Psychophanie : méthode de communication non verbale permettant, à l'aide d'un clavier d'ordinateur, d'entrer en contact avec l'inconscient ou l'âme d'une personne en état de mal-être ou de blocage psychologique. Cette méthode permet de libérer les émotions enfouies depuis la petite enfance, restées engrammées dans l'adulte que la personne est devenue.

Après le départ

Dans son désarroi, Josiane est arrivée jusqu'à mon bureau, comme tant d'autres personnes confrontées à un deuil. Elle a peur de ne pas être à la hauteur lorsque sera venu le moment de cette nouvelle séparation. Elle se sent déjà orpheline, elle veut savoir comment faire dans ces derniers instants, elle veut comprendre, elle veut savoir s'il y a un « après », et si oui, comment on se retrouve… Elle veut des preuves, elle cherche de quelle façon vivre avec cette idée que nous sommes tous appelés à disparaître, mais vers quoi ?

L'association d'accompagnement à la fin de vie et au deuil, créée avec mon mari au début des années 1990, a été la source intarissable de ces demandes d'aide, de ces appels au secours, de ces questions concernant « l'après-vie ». Ma propre quête m'ayant au fil du temps conduite aux bonnes personnes, aux bonnes lectures, aux bons endroits pour entendre, comprendre et commencer un chemin de re-connaissance spirituelle, j'ai pu rassembler suffisamment de preuves de la survie de l'âme dans une « autre Réalité » pour pouvoir à mon tour transmettre ces enseignements, soit individuellement, soit au moyen de conférences que j'ai données durant de nombreuses années.

En ce qui concerne Josiane, après le premier paragraphe tapé en séance dans lequel la petite fille a pu libérer son émotion et sa peur de l'abandon par la mort de ceux qu'elle aime, je lui apporte les réponses qu'elle est capable d'entendre aujourd'hui, adulte, au niveau de ses croyances. Je lui conseille quelques lectures sérieuses et instructives sur ce vaste sujet dont le livre simple et complet du Dr Jean-Jacques Charbonier[2] : *Les 7 bonnes raisons de croire à l'au-delà*, ainsi que son merveilleux livre *La mort expliquée aux enfants, mais aussi aux adultes*.

---

2. Médecin réanimateur-anesthésiste, auteur de nombreux ouvrages sur la vie après la mort, les expériences de mort imminente et l'existence d'une conscience indépendante de l'activité neuronale.

Nous échangeons durant un bon moment afin de lui donner les éléments qui vont lui permettre de changer son regard sur cette étape de fin de vie à laquelle chacun sera un jour confronté, et où précisément est arrivé son père.

Puis nous reprenons la séance de Psychophanie. Josiane sort de son sac à main une photo de sa mère, défraîchie par le temps et par le nombre de fois qu'elle a dû la sortir afin de ne pas oublier le visage aimé… Je ressens immédiatement qu'une nouvelle énergie est entrée dans la pièce. Je me concentre sur les traits de la jeune femme sur la photo et je ressens que cette énergie est bien la sienne et qu'elle me demande de communiquer avec sa fille. L'amour et la compassion que dégage l'âme présente ici même se manifestent à moi et me poussent à *écouter* au moyen de la Méta-connexion[3] tout ce qu'elle souhaite transmettre à Josiane. S'écrit alors toute la tendresse d'une mère qui a suivi sa fille jusqu'à cet instant pour pouvoir témoigner qu'elle ne l'a jamais quittée et qu'en bien des circonstances difficiles, elle l'a assistée, protégée, veillée, continuant de lui donner force et courage pour assumer sa vie.

Le texte se termine sur des mots de tendresse, de consolation, de reconnaissance et d'espoir, révélant ce fil d'or de l'amour qui n'a jamais cessé de relier la mère à son enfant. Josiane pleure maintenant doucement, enfin délivrée de la douleur de la perte d'amour éprouvée depuis si longtemps.

---

3. Méta-connexion : capacité à canaliser l'énergie d'une âme passée dans l'au-delà et à la remettre en contact avec la personne restée sur Terre. Ce contact est possible par voie de médiumnité. Dans ma pratique, cela passe aussi par l'intermédiaire du clavier, en mots qui me parviennent clairement comme sous la dictée d'un texte. L'information me parvient de façon télépathique que je convertis simultanément en mots. Pour une meilleure compréhension de cette connexion expliquée aujourd'hui par la physique quantique, se reporter à mon livre *Quantique et inconscient* – Éditions Le Temps Présent, 2011.

Après le départ

À présent, le cœur de Josiane s'est calmé, ses pleurs aussi, l'ancien chagrin est en train de guérir... La mère et l'enfant se sont retrouvées, la séparation à présent n'est plus, n'a jamais été. Elle vient de l'apprendre, de le comprendre grâce aux mots d'amour qu'elle peut lire là, maintenant, sous ses yeux et qui lui donnent la preuve que la vie ne s'arrête pas avec la mort, mais qu'une autre vie est là, tout à côté, où se trouvent ceux que nous aimons et qui continuent de veiller sur nous. Elle n'a aucun doute à présent, c'est comme si un voile venait d'être déchiré devant ses yeux aveugles et qu'elle voyait enfin clair ! Elle est prête maintenant à accepter le départ de son père et à l'accompagner dans ses derniers moments. Ses prochaines lectures vont l'aider à accomplir cette tâche qui lui semblait insurmontable...

Un fragile sourire s'esquisse sur les lèvres de la jeune femme. Elle a maintenant compris que la mort n'est qu'une étape à franchir, une transition vers une autre Vie, une autre Réalité bien plus riche et qui ne sépare pas ceux qui s'aiment. Elle se sent capable d'aider son père à le faire, parce qu'elle l'aime et qu'elle sait à présent que sa mère sera là à l'attendre et qu'ils retrouveront cet Amour qui lui avait permis sa naissance... Ils seront de nouveau réunis, continuant à partager au-delà de cette vie terrestre, l'espace hors du Temps dans lequel ils se retrouveront tous les trois, parce qu'il n'y a pas de frontières à l'Amour...

Partir et revenir

« Tous les changements, même les plus souhaités,
ont leur mélancolie, car ce que nous quittons c'est une partie
de nous-mêmes, il faut mourir à une vie pour entrer dans une autre. »
– Anatole France

La « réincarnation », induite dans le titre de ce chapitre, est une notion connue depuis des siècles dans les religions asiatiques traditionnelles. Dans le bouddhisme tibétain, elle reste encore confondue avec la métempsychose ou la transmigration des âmes qui inclut la réincarnation dans un corps animal. Or, en vertu de la loi d'évolution qui prévaut sur la Terre, la réincarnation ne peut être utile que si elle permet à l'humain de revenir en tant qu'humain pour parfaire son évolution et accomplir son chemin de vie dans la conscience de « qui il est » en son essence : un être spirituel issu de la Source d'Amour Créatrice.

Afin de vivre une existence terrestre, l'être humain dispose d'un corps physique, d'une âme et d'un esprit, cet esprit étant le « noyau moteur » de l'âme. Si l'animal possède lui aussi une âme, il n'est cependant pas doté d'un *esprit* qui est la particularité de l'être humain lui donnant la capacité de penser, de créer par sa pensée et d'avoir un libre arbitre, autant d'attributs qui lui donnent la responsabilité de ses actes de laquelle naît sa *conscience*.

Le retour dans un corps animal, selon ma conviction, serait donc une régression et non pas une évolution.

Depuis la nuit des temps, d'époques en époques, l'homme progresse donc vers son accomplissement grâce à ce processus qui permet à l'âme de revenir continuer ses pérégrinations sur Terre à travers des réincarnations successives. Cette loi d'évolution est fondée sur ce que nous pourrions appeler « la pensée de Dieu » qui veut que l'Homme puisse vivre un jour le bonheur sur la Terre en améliorant toujours ses connaissances intellectuelles autant que spirituelles, ceci en respectant les grandes lois universelles…

En regardant aujourd'hui comment va le monde, il est évident que l'objectif n'a pas été atteint, loin de là ! Cependant, en y réfléchissant bien, ce bonheur terrestre pourrait encore se vivre véritablement si l'Homme parvenait à s'aimer lui-même d'un amour inconditionnel, ce qui signifie ne pas vouloir se nuire ou se détruire par tous les moyens, et aimer son prochain comme lui-même de la même façon, c'est-à-dire ne pas vouloir lui nuire ni le détruire.

Il est désormais établi que nous sommes arrivés à un point de destruction de l'homme par l'homme qui n'était même pas concevable du point de vue de la Lumière…

Pour arrêter le cycle incessant des réincarnations, la seule possibilité aurait été de suivre les enseignements et les préceptes que nous ont transmis les grands Maîtres et les Sages de tout temps, dans tous les pays et dans toutes les cultures. Jésus vint en Son temps pour une dernière Mission de sauvetage afin que l'homme puisse retrouver le chemin des Hauteurs spirituelles. Son Message d'Amour et la connaissance des lois universelles qui l'accompagnaient auraient dû « réveiller » l'humanité de l'époque. Mais si Jésus captait les foules par ses paraboles, ceux qui venaient l'écouter étaient beaucoup plus impressionnés par les miracles et les guérisons qu'Il prodiguait que par les enseignements qu'Il transmettait ! Hélas ! Même ses plus fidèles disciples ne comprenaient pas tous Ses enseignements. En reprenant les Écritures, il apparaît évident qu'à la veille de Sa passion, Jésus était convaincu de l'incapacité de ses apôtres à croire même en la prédiction de sa mort prochaine… Se rendant bien compte qu'il ne pourrait pas leur transmettre plus que ce qu'Il leur avait déjà donné, qu'Il n'en aurait pas le temps, Il prononça ces paroles : « J'ai encore beaucoup de choses à vous dire mais vous ne pouvez pas les porter maintenant » (Jn 16:12).

Mais qui se soucie aujourd'hui des paroles de ce Maître, pourtant reconnu au point d'avoir marqué l'Histoire du monde en ce sens que les plus grands événements sont datés soit « avant », soit « après » Sa naissance, faussement répertoriée d'ailleurs à la date du 25 décembre de l'an 1 dans notre culture judéo-chrétienne occidentale[1] !

Remisés au fond des églises de plus en plus désertées, les Évangiles sont vus comme des textes mille fois répétés et surannés qui n'encouragent même plus les prêtres à la vocation, ni leurs supérieurs à une foi vivante, sauf exception… « Je suis le chemin, la Vérité et la Vie. Nul ne vient au Père que par moi… » disait-il (Jn 14:6). Ces mots du Christ qui appelait

---

1. Voir l'excellent livre *Jésus* de Jacques Duquesne – Éditions Desclée de Brouwer, Flammarion, 1994.
Selon l'enquête menée par l'auteur, Jésus serait né environ cinq ans avant l'an 1 de notre ère, à l'époque où les envahisseurs romains ont demandé à tous les juifs de Palestine de se faire recenser dans leurs villages de naissance. Ainsi Joseph étant originaire de Bethléem a dû s'y rendre alors que Marie était prête à accoucher. Or, le seul recensement qui a eu lieu durant cette période était en l'an -5 avant la date de naissance attribuée par l'Église à Jésus. Ce qui date l'an 1 de notre ère alors que Jésus avait déjà 5 ans.

à suivre ses enseignements, restent figés sous le portrait bien connu du « Christ miséricordieux » qui figure dans toutes les églises et cathédrales de par le monde, seule image du Christ qui n'est pas représenté crucifié. Encore heureux !

Au sujet de la réincarnation, d'aucuns pourront argumenter qu'il n'en est pas fait état dans les Écritures. Pourtant cette notion était connue à cette époque car, même si cela passe inaperçu dans les pages des Évangiles, on y trouve des allusions qui ne laissent aucun doute sur cette connaissance. Matthieu, Marc et Luc reprennent chacun ce passage dans leurs écrits. Je cite (Mt 16:13-14) : « Jésus, étant arrivé dans le territoire de Césarée de Philippe, demanda à ses disciples : Qui suis-je aux dires des hommes, moi le Fils de l'homme ? Ils répondirent : Les uns disent que tu es Jean-Baptiste ; les autres, Élie ; les autres, Jérémie, ou l'un des prophètes. »

Tous ces personnages avaient déjà quitté la Terre depuis un certain temps lorsque Jésus posa cette question. Il semble donc évident que les hommes de cette époque croyaient en la réincarnation puisqu'ils supposaient qu'Il était un des anciens prophètes de retour sur Terre.

Vu des plans de l'esprit, « mille ans sont comme un jour »… Une vie d'homme sur la Terre dure le temps d'un battement de paupières à l'échelle de l'Éternité. Entre chaque battement, une vie puis une mort : là se trouve le « passage » pour regagner les plans de l'au-delà où, en tant qu'esprits immortels, nous sommes appelés à continuer notre évolution pour participer à celle du monde et de notre humanité. Sur ces plans spirituels, l'âme libérée de la pesanteur du corps physique mortel va devenir omnisciente, elle retrouvera la Connaissance de toute chose. Elle comprendra l'Alpha et l'Oméga de la Création. Et enfin elle prendra conscience de toutes les bonnes raisons qui l'ont poussée à vivre sa précédente existence terrestre, selon un plan qu'elle avait elle-même choisi avec l'aide bienveillante de ses Guides. Dès son retour sur ces plans de Lumière, il lui sera présenté le « film » de sa vie. Elle le verra se dérouler devant ses yeux spirituels. Elle y reverra son parcours et ses épreuves, les moments où elle aura réussi à les dépasser comme ceux où elle aura échoué. Elle comprendra alors les raisons pour lesquelles elle aura à revenir vivre une prochaine existence terrestre, mieux instruite par son retour dans le monde de Lumière où elle se sentira renforcée par de nouvelles énergies. Peu importe *quand* elle devra retourner sur la Terre puisque dans cet Au-delà il n'y a ni espace ni temps, seul existe l'Amour immanent dans lequel chacun se retrouve baignant, comme autant de gouttelettes d'eau au Cœur de l'Océan.

L'esprit continue donc d'exister indéfiniment dans le non-espace-temps des plans de l'au-delà. Il y retrouve son essence même : cet Amour par lequel il a été engendré et dont il fait partie intégrante, cet Amour qui relie comme un fil d'or indestructible les êtres qui se sont aimés sur Terre et qui leur permet de se retrouver même après une séparation illusoire de plusieurs années terrestres.

« Il y a de nombreuses demeures dans la maison de mon Père », disait encore Jésus…

Dans les mondes de Lumière, les âmes se retrouvent sur de multiples plans (ou sphères) correspondant pour chacune au niveau d'évolution qu'elles ont atteint, vie après vie, au cours de leurs nombreuses pérégrinations terrestres. Il n'y a pas de discordes possibles car l'ombre ne peut exister sur ces plans. L'ombre naît de la pensée des hommes et, dans les mondes de Lumière, les âmes ne sont plus encombrées de leur intellect – inhérent au corps physique – pour projeter des pensées négatives. L'Amour seul baigne ces mondes où chacun est accueilli avec joie. Chaque âme y a sa place. Aucune frontière ne sépare ces plans les uns des autres et chacun peut y retrouver un être cher, même si ce dernier est sur un autre plan d'évolution. La seule limite infranchissable est celle qui se trouve juste au-dessus du plan d'évolution où l'âme est parvenue. Cependant, elle peut aller visiter tous les plans inférieurs. L'âme peut voyager d'un monde à l'autre et se rendre jusqu'au plan astral jouxtant la Terre, parfois même en interférant avec le plan terrestre. Un grand nombre d'âmes ignorent ces mondes de Lumière car elles ne s'en sont pas souciées du temps de leur vie terrestre. Elles ne connaissent donc que le monde qu'elles viennent de quitter et restent bloquées à ce niveau de la matière – matière de faible densité mais matière quand même. Certaines personnes que l'on dit « médiums » peuvent percevoir ces âmes parce qu'elles se montrent à elles dans le plan astral habituellement invisible aux yeux humains. D'autres peuvent les entendre, soit par de véritables paroles qui leur parviennent, soit au moyen de la TransCommunication Instrumentale[2], soit télépathiquement.

Ce mode de communication *télépathique* est la communication normale d'une âme avec une autre, car dans les mondes supérieurs, nous sommes des « êtres de Lumière » et nous ne possédons aucun organe constituant le corps physique que nous avons sur Terre. C'est d'ailleurs de cette façon télépathique que je perçois les messages en Méta-connexion, quel que soit le plan sur lequel l'âme se trouve, y compris les Guides qui les accompagnent.

Lorsque l'âme aura compris ses erreurs et ses manquements, non par un jugement quelconque de ses Guides mais par sa propre constatation, elle pourra encore rester sur le plan correspondant à son niveau d'évolution acquis durant la vie terrestre qu'elle vient de quitter. Là, elle pourra continuer son évolution

---

2. TransCommunication Instrumentale ou TCI : technique qui permet l'enregistrement des voix de l'Au-delà par l'intermédiaire d'un magnétophone et d'un micro extérieur. C'est le Suédois Friedrich Jürgenson qui découvrit ce moyen de contact sans l'avoir cherché le 12 juin 1959.

à partir d'enseignements qui lui seront à nouveau prodigués afin de se préparer pour une vie terrestre future… Mais il est une chose certaine : c'est qu'elle devra redescendre sur cette Terre afin de mettre en pratique ce qu'elle aura de nouveau appris dans les sphères de Lumière où elle aura séjourné. Car la Terre est le seul « terrain de jeu » où, en vertu du libre arbitre, l'âme peut faire l'expérience de ce qu'elle aura appris dans l'au-delà. La difficulté sera d'accepter l'oubli… Car il lui sera mis un bandeau sur ses yeux spirituels afin qu'elle puisse vivre pleinement ses expériences terrestres, faisant appel à ce qui réside au plus profond de son âme afin d'atteindre le but pour lequel elle aura quitté ce monde de Lumière lorsqu'elle sera de nouveau incarnée…

La plupart des personnes à qui j'explique ce principe de la réincarnation disent ne pas vouloir revenir dans une autre vie terrestre. On peut facilement les comprendre : qui souhaiterait quitter ces mondes de bonheur, de joie et de félicité tels que nous les décrivent les personnes – de plus en plus nombreuses – qui ont vécu une EMP[3] pour retourner dans une nouvelle incarnation ? Sans doute les vies sur Terre telles qu'elles se présentent actuellement sont-elles particulièrement difficiles à vivre et l'idée du paradis est plus tentante que le retour dans la matière ! Cependant, comme je le disais plus haut, la Terre est le seul terrain où tous les niveaux d'évolution se côtoient, permettant à l'être humain de progresser, de façon beaucoup plus rapide que dans l'au-delà, grâce aux situations qu'il va être amené à vivre et aux personnalités qu'il va pouvoir rencontrer. De nouveaux potentiels seront à sa disposition pour gérer ce qu'il n'est pas parvenu à faire dans la dernière existence. Ses capacités se seront accrues et son projet de vie sera différent

---

3. EMP : Expérience de mort provisoire.

de celui de sa dernière incarnation. C'est donc pour lui une nouvelle chance d'évolution qui lui est proposée, évolution qui va le propulser sur des plans supérieurs à son prochain retour dans l'Au-delà.

Mais avant même ce retour, sa vie va permettre à la collectivité dans laquelle il s'épanouira un enrichissement dont il fera profiter l'Ensemble. Lorsque je parle de l'Ensemble c'est de l'humanité tout entière que je veux parler. Car nous sommes tous une part de cette humanité, une pièce du Grand Puzzle que nous constituons, sans laquelle le monde terrestre ne serait pas le même… Ce qui revient à dire que tout ce que vous faites pour vous ou pour les autres – en joie comme en souffrance – touche la planète et les hommes dans leur ensemble. C'est ainsi que Jésus disait : « Tout ce que vous faites au plus petit d'entre les miens, c'est à moi que vous le faites. » C'est l'aile du papillon qui peut déclencher soit un tremblement de terre à l'autre bout du monde, soit une pluie miraculeuse sur une terre assoiffée ! Chaque acte a sa répercussion non seulement sur celui qui agit, mais sur l'ensemble des humains qui agissent de la même façon. Cela aide à comprendre le chaos dans lequel nous nous trouvons dans le monde aujourd'hui, que ce soit sur le plan social, économique, politique ou écologique.

***

En évoluant sur Terre dans le sens de notre propre ascension, nous augmentons nos fréquences vibratoires. En conséquence, nous augmentons également celles de tous nos frères humains en proportion de ce que nous leur apportons.

Tout ce qui est Vie est vibration, que ce soit de ce côté-ci du monde terrestre ou sur les plans de l'au-delà ! Mais les vibrations du plan terrestre de matière dense sont beaucoup plus lentes que sur les plans de l'invisible. C'est la raison pour laquelle, hormis les médiums authentiques, nous ne pourrons voir l'au-delà que lorsque nous aurons fait ce voyage d'un monde à l'autre, cette transition qui est en fait un changement d'état permettant de passer de l'état physique à notre état originel : notre corps de Lumière.

Dans les conditions d'une réincarnation, l'âme qui va voyager à nouveau sur Terre n'est donc *pas tout à fait la même* que la précédente. Nous l'avons vu plus haut : l'âme se revêt des nouveaux attributs acquis dans les plans de l'au-delà, se charge des défis qu'elle n'a pas réussi à dépasser dans la précédente existence – ce que l'on appelle le « karma » – et des nouveaux challenges qu'elle s'est programmés pour que cette nouvelle incarnation lui apporte une expérience la propulsant plus haut, sur de nouveaux plans de conscience, lors de son retour à la Lumière après une nouvelle transition… Tout ce périple s'appelle l'évolution à travers un corps physique que l'âme se choisira en fonction de sa destination – homme ou femme – selon le genre qu'elle se sera choisi. Par « genre », il faut entendre masculin ou féminin. Le genre masculin étant plus ancré dans la matière pour y assumer des tâches et des activités ardues, le genre féminin étant plutôt tourné vers des actions plus fines, plus intuitives et plus sensibles. Ceci est une façon lapidaire et simpliste pour expliquer ce que sont les genres, car dans notre XXIe siècle, les uns et les autres sont tellement « mêlés » tant au niveau des activités qu'au niveau des individualités, que l'on peut constater combien a dévié cette définition des genres…

Cela étant, cette nouvelle incarnation pleinement vécue ramènera l'âme à sa Patrie Originelle, sa Source d'Être, plus riche de son savoir par les expériences qu'elle aura faites dans cette nouvelle vie terrestre, ayant gagné en évolution spirituelle et donc en Conscience… Ainsi l'âme refera le même chemin vers la Lumière, emprunté déjà maintes fois ! Ce chemin passe par la mort du corps physique, passage obligé pour faire cette transition d'un monde à l'Autre, vers cet Au-delà qui est la véritable Vie de l'esprit.

N'ayez plus peur de la mort

Si nous savions combien cette transition est plus facile et simple à passer qu'une naissance dans un corps de matière ! Tous les « expérienceurs[4] » de morts cliniques disent qu'ils sont sortis de leur corps avec une facilité déconcertante, se sentant en totale expansion et libres de passer à travers les murs, avec une vue à 360 degrés. Alors qu'au moment de revenir dans leur corps physique, ils ont eu l'impression de rentrer dans un vêtement bien trop étroit par rapport à ce qu'ils se ressentaient « être », et c'est bien là le paradoxe !

Alors pourquoi la mort nous fait-elle si peur ? Aujourd'hui, nous avons tant de données spirituelles et scientifiques qui expliquent aux chercheurs sincères comment se fait cette transition ! Une grande part de cette peur est très certainement liée à la peur de la souffrance d'une maladie qui entraînera la mort. À la peur également de se voir dégradé physiquement... Certes, la perte totale et définitive de l'ego est à ce prix ! L'ego étant arrimé au corps physique et ayant, la plupart du temps, régné en maître sur l'individu au détriment de la conscience de l'âme, il est la dernière partie qui a envie de lui laisser la place...

Dans le bouddhisme tibétain, on apprend dès la petite enfance que cette vie se terminera par la mort, et le décès fait partie du quotidien ainsi que les prières et les méditations sur ce sujet qui leur est tout naturel. Mais notre monde occidental est loin de vivre dans la conscience de la mort si ce n'est dans les dernières années qui nous en séparent ou lorsque, touchés par une maladie grave pouvant conduire à cette fin, nous retrouvons notre plus grande peur !

Cependant, cette peur ne peut exister que par la force de nos pensées... D'où l'importance de ne pas créer de « formes pensées négatives » concernant ce passage car nous allons les

---

4. Expérienceur : nom donné aux personnes ayant fait une expérience de mort provisoire.

retrouver matérialisées dans les plans inférieurs de l'Au-delà que nous serons contraints de traverser avant de rencontrer la Lumière. Il faut donc effectivement s'y préparer suffisamment à l'avance pour pouvoir, le moment venu, **s'**abandonner (c'est le juste mot : abandonner son corps physique) avec confiance sans lutter contre cette aspiration de l'âme à retrouver sa Source d'Amour.

Savoir que nous serons accueillis par les êtres chers que nous avions perdus de vue et qui sont partis avant nous peut être d'une grande aide. Aucun de ceux que nous avons aimés sur cette Terre ne manquera à l'appel, pas même ceux que nous aurions pu oublier, voire que nous n'aurions pas pu connaître dans notre vie actuelle : un père ou une mère décédés trop tôt dans notre enfance, un frère, une sœur partis avant notre naissance... Tous seront là pour nous accueillir dans l'Amour et dans l'allégresse.

À cet accueil suivra celui de notre Guide de Lumière, rayonnant de l'Amour de la Source à laquelle il est relié, tout comme nous le serons dès que notre âme s'éveillera dans l'Au-delà après notre départ du plan terrestre. Le meilleur moyen de préparer ce départ est de l'envisager comme un voyage au bout duquel il nous sera posé ces questions auxquelles nous devrions déjà réfléchir :

« Homme, comment es-tu ? Qu'as-tu fait pour ton évolution ? Comment as-tu aimé ? »

Nous devrions d'ores et déjà tenter de répondre à ces questions car nous ne savons ni le jour ni l'heure auxquels nous serons appelés à quitter notre corps physique. Il est toujours temps de prendre conscience de ce que nous aurons à présenter à l'Être de Lumière qui nous accueillera avec Amour et sans jugement lorsque nous arriverons dans l'Au-delà. Car notre prochaine incarnation dépendra des réponses que nous aurons à présenter. Ces réponses seront validées par le film de notre vie qui se déroulera alors devant nos yeux spirituels...

Ensuite nous nous dirigerons – spontanément pourrait-on dire ! – vers la sphère de Lumière correspondant à notre fréquence vibratoire où nous pourrons vivre infiniment dans ce monde de Lumière, sans espace ni temps, jusqu'au moment où l'âme aura décidé d'une nouvelle incarnation afin de continuer son évolution.

***

À partir de cette notion de réincarnation, sujet complexe il faut l'admettre, il reste cependant une question essentielle qui m'est de plus en plus posée. Comment peut-on retrouver nos êtres chers si entre-temps ils ont décidé de redescendre dans une nouvelle incarnation ?

À ce stade de la connaissance des plans de la Création existant dans l'Au-delà de la Vie, il faut adjoindre celle de la « Multidimensionnalité » de notre Être. C'est une notion que nous n'étions pas encore prêts à recevoir jusqu'à présent, mais qui émerge des enseignements qui, s'ils ne pouvaient être compris par les disciples du Christ à son époque, sont capables d'être entendus aujourd'hui des chercheurs spirituels sincères.

En quoi consiste cette Multidimensionnalité ?

Pouvons-nous nous souvenir des ribambelles que nous découpions dans des feuilles de papier lorsque nous étions enfants ? Il suffisait d'avoir une feuille suffisamment longue pour la plier plusieurs fois sur elle-même et de découper, à la dernière pliure, la silhouette d'un demi-petit bonhomme. En ouvrant la feuille de papier, nous obtenions une dizaine de petits bonshommes qui se tenaient par la main ! Voici donc ce que nous sommes d'une façon imagée. Toutes nos vies se tiennent connectées les unes aux autres, existant à part entière sur les différents plans vibratoires qu'elles ont atteints en chaque incarnation. Elles sont restées sur les plans de l'Au-delà qui correspondent à chacune de ces vies passées à travers les époques et les êtres que nous avons incarnés… et où nous sommes encore en tant qu'âmes puisque dans cette dimension, il n'existe pas d'espace-temps ! Pour ceux qui connaissent le terme de « mémoires akashiques », c'est bien de ces mondes dont il est question. D'autres le nomment aussi « le Grand Livre de la vie ».

Dans notre incarnation actuelle, spirituellement parlant, nous portons en nous l'évolution de toutes nos vies passées – ou futures ! Car dans ce non-espace-temps nous avons pu choisir des incarnations à différentes époques qui nous attiraient, soit pour y apprendre une science particulière, soit pour y transmettre un savoir qui allait permettre une évolution de l'humanité dans l'avenir. Des hommes comme Galilée, Léonard de Vinci, Einstein ou Max Planck[5] sont la preuve de ces incarnations à des époques où les hommes n'étaient pas prêts à reconnaître que la Terre était ronde, ou à admettre que des objets volants dessinés sur les croquis du grand peintre pourraient un jour exister, ou que des formules mathématiques ou physiques bouleverseraient la pensée scientifique sur l'Univers et l'espace-temps, ou encore qu'un physicien pourrait changer le regard de ses successeurs sur cet espace apparemment vide autour de nous, qui est pourtant rempli d'informations… Il y a eu sans doute d'autres personnages moins célèbres, mais on ne peut nier que ceux-là amenaient avec eux des connaissances futures qui ne seraient connues ou reconnues que bien après leur mort.

Ainsi sommes-nous tous connectés à d'autres vies de nous-mêmes, situées dans différents autres plans de conscience, capables de nous envoyer des intuitions, des idées, des

---

5. Si Galilée, Léonard de Vinci et Einstein sont bien connus de l'histoire, Max Planck l'est peut-être moins et pourtant plus proche de nous. Physicien allemand, il est le fondateur d'une nouvelle physique qui révolutionne le monde : la physique quantique.

N'ayez plus peur de la mort

inspirations qui nous aident grandement lorsque nous sommes dans cette troisième dimension qu'est la vie sur Terre.

C'est pourquoi nous retrouverons toujours les êtres que nous avons aimés puisqu'ils existent sur le plan de conscience où nous les avons connus durant leur dernière vie terrestre. S'il y a eu réincarnation, comme expliqué précédemment, ce ne sera *pas tout à fait* la même âme que précédemment car elle sera porteuse à la fois des qualités d'âme qu'elle aura précédemment acquises, de nouvelles potentialités en fonction de ce qu'elle se sera donné comme projet de vie pour évoluer dans la vie présente, ainsi que les karmas créés à travers les vies précédentes et qu'elle n'aura pas encore su résoudre.

Nicole Dron[6], bien connue des expérienceurs, ayant vécu une EMP (ou EMI) particulièrement exceptionnelle, raconte dans l'un de ses livres : « […] dans mon expérience, je me suis vue exister dans d'autres vies et je prenais conscience du lien qui les unissait toutes, un peu comme on regarde un vieil album de photos […] On se découvre à 3 ans, puis à 10 puis à 20, 40, 60 ans etc. C'était la même chose au cours de mon expérience, sauf que j'avais des visages différents. Mais je savais qu'ils étaient "miens", qu'ils étaient "moi" dans des époques révolues. Et pourtant sur le plan de l'absolu, c'était comme si je pouvais tout embrasser d'un seul regard : toutes les époques et les dimensions de mon être existaient simultanément. »

Je ne voudrais pas terminer ce chapitre sans avoir recommandé la lecture d'un livre particulièrement intéressant qui pourrait bien contribuer à enlever toute peur de ce passage tant appréhendé qu'est la mort. Il s'agit du livre du Dr Eben Alexander, célèbre neurochirurgien américain, intitulé

---

6. Nicole Dron : auteure des livres *45 secondes d'éternité* et *Dis mamie, comment on vit quand on est mouru ?* – Éditions Kymzo, 2016.

La Preuve du Paradis[7]. Le Dr Eben Alexander est un scientifique qui avait toujours nié la réalité des expériences de mort provisoire. Formé dans les meilleures écoles américaines telle que Harvard, il pensait que ces phénomènes n'étaient en fait que de simples fantasmes produits par le cerveau en situation de stress maximal.

À l'âge de 54 ans, il contracte une méningite bactérienne qui le conduit à un coma durant sept jours. Lors de ce coma, il vit alors une expérience hors du commun que je vous laisse découvrir. Alors que son cerveau avait été pratiquement détruit par une bactérie (scanners successifs à l'appui), il revient à la vie totalement guéri! Ce qui relève du miracle le plus évident!

Le Dr Eben Alexander parcourt maintenant le monde pour rendre témoignage de cette vie dans l'Au-delà de ce monde qu'il a pu vivre en pleine Conscience alors que son cerveau ne fonctionnait plus.

Bien entendu, son témoignage est capital parce qu'enfin, « la Grâce » a touché un scientifique très connu pour qu'il puisse être écouté du plus grand nombre mais, surtout, de son propre milieu en tant que neuro-chirurgien, celui-ci restant encore très sceptique quant à l'existence de cet au-delà de la vie!... Mais le chemin est en train de se faire jour de plus en plus dans le milieu médical en général... Le Dr Jean-Jacques Charbonier, médecin anesthésiste-réanimateur, en est le pionnier en France et a publié un nombre impressionnant d'ouvrages sur ce sujet si important qu'est l'après-vie et les preuves scientifiques que nous en avons à présent. Je ne saurais trop vous recommander d'aller également consulter son site.

---

7. *La Preuve du Paradis, Voyage d'un neurochirurgien dans l'après-vie...* – Éditions Guy Trédaniel, 2015.

N'ayez plus peur de la mort

Le sens de toute vie humaine, nous l'avons compris, est de rayonner cet Amour inconditionnel auquel nous sommes tous destinés puisque le but est de retourner *définitivement* à la Source de cet Amour. À l'évidence, une seule vie ne peut y suffire. Lorsque nous mourons, le retour dans l'au-delà nous permet de nous souvenir de cet Amour Originel, de nous y baigner, de goûter à cette félicité, de retrouver ceux que nous avons aimés, de nous y instruire aussi, sans limite de temps puisque le temps n'existe pas de l'autre côté du voile. En nous imprégnant de la Vérité de cette Réalité Ultime qu'est l'Esprit, dont nous sommes chacun une partie magnifique qui fait de nous des Êtres bien plus grands que nous le croyons, nous comprendrons tôt ou tard « Qui nous sommes vraiment ». Alors nous Vivrons infiniment cet Amour inconditionnel pour toute créature et toute vie, sur la Terre comme au Ciel!

Renaître de ses cendres

« Croyais-tu que je n'étais pas avec toi ?
– Non, mais moi je ne me suis pas élevée.
– Mais moi je peux descendre si c'est nécessaire.
Le mal rôdait autour de toi, mais je veillais sur toi.
– Quel était ce mal ? Que cherchait-il ?
– La tâche du mal est de mettre à l'épreuve.
Mais bientôt tu seras au-delà des épreuves. »
– Gitta Mallasz, *Dialogues avec l'ange* – E34L-209

Peut-être suis-je privilégiée dans la mesure où cette conviction de l'existence d'un monde d'*ailleurs* est comme chevillée à mon âme d'aussi longtemps que je me souvienne, même si parfois j'ai pu perdre pied dans les tempêtes des événements qui m'ont forgée, travaillée, polie afin de devenir la personne que j'ai fini par devenir. La première partie de ma vie a été déterminante dans ce devenir et c'est pendant mes quarante premières années que ma foi a été soumise aux plus rudes épreuves. Chemin initiatique s'il en est, grâce auquel une prise de conscience importante s'est fait jour et où, progressivement, tout s'est transformé…

N'ayez plus peur de la mort

Il me faut remonter à l'âge tendre, cet âge où l'on prend conscience qu'on a besoin d'aide pour accepter ce que la vie nous impose de difficile, et qu'on ne peut rien demander à ses parents parce qu'ils sont eux-mêmes pris dans leurs difficultés… Alors il ne reste plus qu'à se tourner vers le seul secours qui peut nous entendre : Dieu. J'avais reçu une éducation religieuse catholique et j'avais fait ma communion à 11 ans, un an plus tôt que les autres, de façon à la faire en même temps que mon frère aîné, de quinze mois plus âgé que moi. Cela limitait les frais pour mes parents, faisant ainsi deux cérémonies à la fois. Puis, une fois cette formalité accomplie, nous n'étions plus obligés d'aller au catéchisme ni à la messe. Cependant, je restai très attachée à ce Jésus, fils de Dieu, faiseur de miracles par amour de l'humanité souffrante, et je continuai consciencieusement à faire mes prières chaque soir avant de m'endormir.

C'est vers l'âge de 12 ans que, pour la première fois, j'appelai le Secours de Dieu. Ce fut lorsque j'entendis une énième dispute entre mes parents. De la bouche de ma mère surgit soudain l'horrible mot « divorce » (à cette époque, les divorces étaient très rares) et l'incroyable arriva : je vis pleurer mon père ! Ce père qui était mon « îlot de sécurité », que je croyais inébranlable, fort de tout ce que je savais de son passé, ce géant dans mon idéal d'enfant, était en train de souffrir à cause de ma mère ! Ce fut mon premier chagrin profond, un chagrin d'adulte. Ce fut la première fois que j'éprouvai le sentiment de rejet – pour ne pas dire de haine – vis-à-vis de ma mère, cette mère qui n'avait jamais su me montrer son amour… Je courus m'enfermer dans ma chambre pour pleurer et exprimer cette émotion que je ressentais pour la première fois dans mon cœur ! Ce jour-là fut mon premier désespoir et mon premier vrai « péché » selon la religion catholique : à l'intention de ma mère, je prononçai cette phrase du plus profond de moi : « *Jamais je ne te pardonnerai d'avoir fait pleurer mon père.* » Ce sentiment m'habita longtemps puis se dilua au fil des années dans les difficultés de ma propre vie d'adulte.

Je ne savais pas encore que j'accompagnerais ma mère durant les huit dernières années de sa vie et qu'en l'écoutant me raconter sa propre enfance et adolescence, je comprendrais bien plus tard qu'elle ne pouvait pas donner quelque chose qu'elle n'avait pas reçu : l'amour de sa propre mère... Je ne savais pas non plus que nous vivrions une si belle paix et un si grand amour au moment de son départ. Mais cela est une autre histoire ...

À 12 ans, j'avais appris par le catéchisme que Dieu était partout, voyait tout et qu'Il nous entendait par nos prières. Je me mis à prier intensément matin et soir pour que mes parents ne se séparent pas ! Et Dieu exauça ma prière... Je fus donc une petite fille très croyante et qui priait beaucoup Dieu, Jésus et la Sainte Vierge. À l'époque, c'était des prières apprises, mais je les « récitais » avec beaucoup de sérieux en y ajoutant une demande de protection pour le monde entier en détaillant tous les plus miséreux, des « sans toits » aux « sans nourriture », des « sans famille » aux « indigents », en vérifiant que je n'en avais oublié aucun ! Je lisais des magazines de mon âge qui avaient cette connotation religieuse. Vers quatorze ans je faisais même des poèmes qui avaient trait à ces valeurs. Cependant, il ne me venait pas du tout à l'idée de devenir « bonne sœur » comme on appelait les religieuses à cette époque ! Ma mère entre-temps s'était investie dans un mouvement sectaire dans lequel elle voulait que je la suive. Je refusai catégoriquement et elle m'interdit alors de continuer à aller à l'église. À cette époque, on obéissait à ses parents. Mon père acceptant la décision de ma mère – sans doute pour ne pas amplifier leurs problèmes de couple –, je ne retournai donc plus à l'église, mais continuai à prier chaque soir et chaque matin, car cela m'aidait à me sentir meilleure et plus forte...

Cette foi aveugle de l'enfance, je la gardai jusqu'à mon mariage à l'église. J'avais 19 ans, mon mari 21 ans. Trois jours après il partait en Algérie où sévissait la guerre. Mes prières

N'ayez plus peur de la mort

furent alors principalement pour lui, pour sa protection. Et il revint de la guerre… La suite fut un long chemin de découverte de la vie de couple dans ce qu'elle a de plus dur, de plus vrai, de plus cru. Je n'y étais pas préparée…

Ici, j'aurais trop de difficulté à décrire la chute libre de mes illusions sur la vie telle que je la rêvais et telle qu'elle m'apparut durant les douze années qui suivirent. Je reviendrai sur cette période de ma vie un peu plus loin. Il suffit pour le moment de savoir que dans ma naïveté, j'avais épousé l'opposé du prince charmant que je m'étais imaginé ! Sa première infidélité, je la vécus alors que j'étais enceinte de quelques mois. Je venais d'avoir 20 ans. Notre fille qui, dès l'annonce de sa naissance, avait été refusée par son père, puis finalement acceptée devant mes larmes, était née avec beaucoup de difficultés, par le siège… comme si elle venait à reculons dans cette vie dont elle savait déjà combien elle serait aussi difficile pour elle…

Ce premier mariage fut une suite de trahisons pour lesquelles mon mari venait chaque fois pleurer à mes genoux, me demandant de lui pardonner ses infidélités… et je pardonnais… et il recommençait. Jusqu'au jour où le divorce devint inévitable.

Le moment où l'on prend une telle décision est une forme de mort qui nous jette autant dans les doutes que dans les peurs. Tout ce que l'on croyait durable s'effondre progressivement, morceau par morceau, comme une construction sapée de l'intérieur et qui finalement s'écroule sur elle-même. Après ce naufrage, j'ai éprouvé le besoin d'un réconfort, d'un soutien, d'un espoir. Je savais que je ne pouvais plus entrer dans une église car j'avais rompu le sacrement du mariage ! Déjà à cette époque, les divorcés étaient des *excommuniés* et c'était une affaire de conscience pour moi de ne plus franchir à nouveau le seuil d'une église. C'est à partir de cette situation que je compris que l'Église catholique ne pouvait détenir la Vérité puisqu'elle n'était pas capable d'accueillir avec le cœur la souffrance d'une femme qui avait voulu se libérer de l'emprise d'un pervers (psychopathologie aujourd'hui reconnue du milieu psychiatrique).

Où donc était cet Amour pour le prochain, tel que prôné dans les Écritures et par la bouche des abbés ou des curés enseignants ? Ce n'était donc pas cette religion qui pourrait me consoler de cette débâcle que j'étais en train de vivre. Durant toutes ces années de souffrances morales, ma foi s'était émoussée, je doutais de pouvoir trouver le bonheur et n'osais pas le demander à Dieu dans le contexte du divorce où je me sentais piégée, comme si je ne méritais pas d'être heureuse de toute façon.

Faute de consolation, je repris la Bible et chaque jour, j'en lisais des passages, me réconciliant peu à peu avec le Ciel et ce Christ Jésus qui m'était si cher qu'il me semblait Le retrouver comme un Frère bien-aimé un instant délaissé. Lire la Bible et les Évangiles c'était à nouveau Le rejoindre, enfin Le retrouver. Il était comme un baume sur mes blessures…

Notre fille allait avoir 12 ans quand, après la mort de mon père, je décidai de quitter Paris pour aller vivre avec elle près de Chamonix. J'avais besoin de changer d'air, de décor, d'environnement… Ces montagnes que je connaissais bien pour y être allée déjà plusieurs fois en vacances, m'attiraient, m'apaisaient. Elles semblaient me montrer la destination que je devais continuer de choisir quoi qu'il en soit, elles me montraient le Ciel, mais aussi la difficulté à les franchir, et le courage qu'il me faudrait avoir afin de gagner leur sommet. J'y aspirais de tout mon être !

Très peu de temps après mon arrivée dans ce beau pays de Haute-Savoie, je trouvai un charmant petit appartement dans un vieux chalet typique des villages de cette région. Mon voisin de palier était guide de haute montagne. Célibataire endurci, âgé d'une cinquantaine d'années, il s'appelait Jean. Je sympathisai spontanément avec lui. Il me racontait ses courses dans le massif des Alpes, mais aussi ses trekkings au Népal où il partait plusieurs fois par an avec des groupes de randonneurs aguerris. J'étais passionnée par son propre regard sur la montagne. On ressentait tout le respect qu'il en avait, toute la connaissance aussi, tous ses aspects captivants tout autant que terrifiants. J'avais une sorte d'admiration pour ces hommes qui risquaient leur vie pour accompagner, parfois dans des conditions très difficiles, des touristes à qui ils faisaient découvrir l'imposante magnificence de ces sommets, pourtant si capricieux et dangereux. À tout moment, la montagne pouvait changer d'humeur et devenir un lieu où les éléments n'étaient plus contrôlables. Les Forces de la Nature se liguaient alors entre elles pour démontrer à l'homme qu'il n'était qu'un fétu de paille à l'échelle de ces parois abruptes et menaçantes dès qu'on n'avait pas pris les précautions nécessaires pour les approcher de plus près…

Ce fut une période de ma vie qui me transporta dans un monde onirique en permanence. Le spectacle de La Verte et des Drus (noms de deux sommets particulièrement prisés des grimpeurs chevronnés), que j'avais chaque matin devant les yeux en ouvrant mes volets, valait d'avoir vécu toutes ces misères anciennes pour me retrouver dans cet endroit grandiose qui me faisait rêver. Jour après jour, je voyais s'effacer mes regrets loin derrière moi. Je revivais enfin, pleinement, les poumons grands ouverts aux senteurs enivrantes du premier été. Je remerciais le Ciel à longueur de temps pour m'avoir permis cette résurrection dans un si beau pays.

À vivre si proche de ces hauteurs, je pris goût aux randonnées avec ma fille afin de découvrir des paysages magnifiques et accessibles par des sentiers de montagnes tout à fait praticables. Nous découvrions avec bonheur la faune et la flore de ces étendues. C'était magique! La montagne m'inspirait! J'y écrivais des poèmes dont je ne savais pas la provenance, tant j'avais de facilité à les écrire.

Puis un jour, Jean me proposa de m'emmener avec un groupe pour faire l'ascension dite « des Trois Cols » à partir du Tour, petit village situé au bout du monde, après Argentière, ville proche de Chamonix. C'était une ascension à 3 300 mètres d'altitudes environ, qui serait, semblait-il, suffisamment facile pour que je puisse suivre sans trop de peine, puisque j'étais habituée à la marche en moyenne montagne. Il nous faudrait d'abord monter jusqu'au refuge Albert Ier pour y dormir une petite nuit, puis repartir à la frontale vers trois heures du matin, crampons aux pieds, pour atteindre le sommet vers huit heures. Le temps d'y prendre un petit déjeuner de fruits secs en admirant le lever du soleil sur les cimes et ensuite nous redescendrions pour faire un second col un peu plus loin. Je ne sais quelle audace, ou quelle folie, ou quel amour pour cette montagne me poussa à accepter. Mais j'acceptai !

Cette première (et unique !) course restera dans ma mémoire à tout jamais. Je ne sais où je puisai le courage dont il me fallut faire preuve ce jour-là pour accomplir ce qui fut pour moi un exploit, si ce n'est dans l'idée de me rapprocher un peu plus du Ciel et de l'immensité de la Création de Dieu !

Le départ à la frontale à trois heures du matin après une nuit en refuge avec plusieurs groupes d'alpinistes en tous genres (il faut être habitué pour y dormir !) fut épique. Chausser les crampons pour une non-initiée releva déjà d'un premier défi avec les doigts engourdis par le grand froid. Le second défi fut d'attaquer la montée derrière les pas du guide sans m'endormir : au-dessus de 2 000 mètres d'altitude, il existe ce qu'on appelle le mal des montagnes qui, en raison du manque d'oxygène, pousse le grimpeur à la léthargie ! Avec le manque de sommeil de la nuit, je n'avais qu'une envie : dormir, dormir, dormir… Au bout d'un moment, je suggérai à Jean qu'on me laisse là et qu'on me reprenne au retour ! « Mais tu n'y penses pas ! Tu mourrais

de froid et puis on ne prendra pas ce chemin pour le retour... »
Bon gré mal gré, je dus continuer l'ascension. Heureusement, nous étions encordés, ce qui m'obligeait à aller de l'avant coûte que coûte. Jean prenant conscience de ma difficulté à mettre mes pas dans les siens me soulagea du poids de mon sac à dos. Le reste du groupe suivait, sans doute un peu plus facilement que moi qui faisais cette « première[1] » ! Nous ne pouvions progresser que très lentement tant la montée était rude ! Nous devions zigzaguer pour ne pas souffrir de la pente, le souffle manquant au fur et à mesure que nous avancions ! Au bout d'un temps interminable, le sommet s'offrit à nos yeux, ce qui nous redonna courage ! Enfin, après avoir franchi la distance interminable nous séparant du col – qui semblait toujours reculer mètre après mètre malgré notre avancée –, nous arrivâmes au terme de la course !

Un lever de soleil majestueux nous y attendait et, dans l'instant, sidérée par la grandeur et la beauté du spectacle, j'oubliai la dureté de la course ! Quelle splendeur ! Mon âme était retournée, bouleversée ! Ce qui nous était offert là, c'était la Beauté du Monde tout entier, à l'état le plus pur et le plus grandiose ! Le dépassement de soi par l'imposant effort de l'ascension se trouvait largement payé de retour ! La vue à 360° sur les sommets du massif des Alpes me laissait sans voix. Le soleil faisait scintiller les « neiges éternelles » comme d'épaisses couvertures immaculées recouvertes de paillettes de diamants ! Les sommets s'étendaient à perte de vue, comme autant de vagues d'un océan blanc et bleu où s'accrochaient quelques lambeaux de nuages éparpillés... Dieu était là dans toute Sa Gloire ! Qui aurait pu en douter ?

---

1. Faire une « première » : se dit d'une personne qui fait sa toute première course en montagne ou lorsqu'un alpiniste chevronné « ouvre une voie » qui n'a encore jamais été empruntée par d'autres.

Ce souvenir reste gravé non seulement dans ma mémoire, mais profondément dans mon âme, tant par l'effort donné pour l'atteindre que par le cadeau reçu au moment où nous avons pris pied sur ce sommet. Les larmes me sont montées aux yeux. Sans doute devais-je apprendre ce jour-là une leçon de courage qui allait m'être nécessaire pour continuer mon parcours de vie et l'ascension spirituelle qui en résulterait…

Nous avons fait un festin de fruits secs et de barres vitaminées en haut de ce sommet. Puis Jean nous dit qu'il était temps de redescendre pour faire le second col qui était tout près…

Le temps de reprendre notre souffle et de nous imprégner de la splendeur du spectacle offert à nos yeux et nous repartions. Cette partie-là de la course fut plus facile. Cependant, le temps semblait se modifier, des nuages au loin venaient dans notre direction, et Jean jugea plus prudent de ne pas faire le troisième col et de redescendre aussitôt dans la vallée, car l'orage pouvait arriver très rapidement maintenant. Le troisième défi fut de franchir une paroi « en rappel » le long d'une corde, sur une distance qui me parut interminable ! Je n'avais jamais pensé qu'un jour je serais amenée à pratiquer cela ! Mais je dépassai assez facilement ma peur du vide et parvins saine et sauve au point de chute. Le reste fut un parcours de santé comparé à ce qui avait précédé. Jean avait été prévoyant en nous faisant redescendre à temps car l'orage arriva dès notre descente au village. Il faut savoir ce qu'est un orage en montagne ! Quand on est « pris dedans », selon la formule utilisée par les montagnards, la foudre peut nous atteindre à tout instant. En dehors des grondements du tonnerre, amplifiés par les montagnes environnantes, un bruit particulier peut nous avertir de quitter rapidement un endroit où la foudre va tomber : la roche – généralement rouge en raison du fer qu'elle contient – commence à *vibrer* juste avant, faisant un bruit qui rappelle un essaim d'abeilles. Il faut alors vite déguerpir du lieu pour ne pas prendre de risque. Par chance, nous étions arrivés à temps pour éviter ce danger… Nous nous retrouvâmes avec tout le groupe autour d'un bon vin chaud, et bien que n'ayant pas accompli tout notre parcours, satisfaits de cette course qui nous avait tous enchantés et, j'ose le dire, la novice que j'étais en particulier !

Quand je repense à cette joie ressentie lors de tous les dépassements vécus dans cette aventure, je me dis qu'elle fut exactement à l'image de la vie telle qu'elle se présente à nous : des épreuves à franchir, des peurs à affronter, des bonheurs intenses à savourer, des montées avec de rudes ascensions qui nous apprennent l'humilité devant l'immensité du monde à nos pieds ; puis des redescentes où il nous faut tout autant de courage pour affronter les éléments qui parfois nous obligent à revenir au quotidien de la vie ordinaire. Puis, le temps d'une pause, partager un bonheur provisoire, à savourer sans modération avec l'aide d'amis, de souvenirs et d'efforts accomplis… jusqu'à la prochaine leçon de vie ! Celle-ci me fut donnée en direct par l'expérience de cette ascension.

Quel meilleur exemple pour comprendre ce qu'il nous est demandé : monter, évoluer, ascensionner, toujours plus haut… et toucher enfin le Ciel et les étoiles ! C'est dans ces moments-là qu'on éprouve encore plus la certitude que Dieu est là, à l'extérieur comme à l'intérieur de nous, dans cette force qui nous est donnée pour nous accomplir et nous transcender. Ainsi se présenta cette partie de ma vie montagnarde qui allait durer neuf années, un nouveau cycle !

Dès mon arrivée à Chamonix, j'avais pu de nouveau sourire à l'existence. J'avais trouvé un travail en qualité d'assistante de direction dans un complexe de restauration hôtelière, à l'aiguille du Midi. Un lieu très fréquenté par les touristes, les alpinistes et les skieurs. À cette population il fallait ajouter le personnel qui faisait fonctionner le téléphérique permettant à tout ce monde de franchir 3 700 mètres en un temps record. C'est dire que le complexe touristique dans lequel je travaillais était particulièrement fréquenté. Les semaines de travail étaient à l'époque loin des trente-cinq heures actuelles ! Il fallait une santé et un tonus à toute épreuve pour tenir le rythme. D'un autre côté, j'aimais ce métier de contacts et je n'ai jamais renâclé à la tâche.

Cela étant, une femme seule à 33 ans, même avec un enfant, ne reste jamais bien longtemps ignorée des hommes qu'elle côtoie dans son entourage, que ces hommes soient mariés ou non... Le destin voulu que celui qui jeta son dévolu sur moi soit technicien au téléphérique, que je voyais tous les jours, plusieurs fois par jour. Chaque occasion de venir avec les collègues de travail était une occasion pour lui de venir me faire sa cour. Mais cette prédilection à venir si souvent au bar était coutumière de tout le personnel du site et faisait partie de l'ambiance et du chiffre d'affaires dans les mois creux.

Cet homme ne m'attirait aucunement, d'autant moins que je le savais marié et père de deux enfants. Tout au plus avais-je de la sympathie pour lui en raison de la gentillesse et des attentions qu'il avait à mon égard. D'autres prétendants libres étaient aussi sur les rangs, mais j'étais peu encline à recommencer une nouvelle histoire après mon divorce...

Durant six mois, il me fit une cour assidue à laquelle je résistai de toute ma volonté. Puis, un soir de fête entre amis, un peu plus arrosé que je n'en avais l'habitude, je cédai finalement à ses avances pensant que lorsqu'il aurait eu ce qu'il voulait, il finirait par me laisser tranquille... mais ce ne fut pas le cas.

Cette liaison dura huit ans, une liaison qui fut toujours chaotique, mouvementée et malsaine parce qu'elle devait rester dans la clandestinité et le mensonge…

Nous vivions ensemble la semaine, et les week-ends il revenait vers sa famille et passait les vacances avec sa femme et ses enfants. Je me sentais parfois comme une maladie honteuse que l'on cache ! Très vite l'alcoolisme de ce garçon se révéla être une réelle maladie. Selon son état, je subissais soit ses avances, soit sa violence si je tentais de lui échapper. Je ne m'étendrai pas plus sur cette histoire dont la fin est relatée dès le premier chapitre de mon précédent livre *Au commencement était l'amour* (p. 33).

Néanmoins il est important de savoir qu'après avoir maintes fois usé de violence contre moi en état d'ébriété avancé, jusqu'à me mettre une carabine chargée entre les deux yeux, je fis une tentative de suicide… qui échoua, Dieu merci.

J'essayai de me rétablir en créant ma propre affaire, une expérience qui fut elle aussi vouée à l'échec. Après avoir créé et aménagé un fonds de commerce, j'en fus expulsée dix-huit mois plus tard par le propriétaire des murs qui me fit un procès pour sous-location à la société dont j'étais gérante. Que pouvais-je faire contre un homme politique haut placé qui souhaitait récupérer cet établissement pour y mettre un de ses amis ?

Je ne savais pas encore que ce nouveau naufrage, qui me laissait sur le pavé avec des emprunts non payés à rembourser, allait me donner la force nécessaire pour me libérer de tout ce qui était faux dans la vie que je menais.

Mon compagnon s'était réjoui de cet échec qui me mettait, pieds et poings liés, à sa merci. C'était mal connaître mon désir de mettre fin à cette relation toxique ! Préparant soigneusement et secrètement mon départ par peur de ses sévices, je réussis à partir alors qu'il était en voyage d'affaires, sans dire où j'allais à qui que ce soit… C'était une question de survie. Je lui laissai une lettre dans laquelle j'expliquais les raisons de mon départ. Je lui laissai aussi toute mon ancienne vie, mon appartement et tous mes meubles… Dans ma petite Visa Citroën, le seul bien qui me restait, je chargeai une grande valise de vêtements, mes livres spirituels et mes musiques préférées, et je partis un soir de novembre sous une pluie battante qui semblait laver mon passé. J'avais mis une cassette dans le lecteur de la voiture : *Tannhäuser* de Richard Wagner – le chœur des pèlerins revenant de Rome ! C'était grandiose ! Je ne m'étais jamais sentie aussi libre et heureuse que ce soir-là !

Ainsi libérée de tous biens matériels et de toute attache – ma fille était déjà devenue maman et vivait sa propre vie d'adulte –, je me sentais pleine d'enthousiasme et de joie. Sans aucune peur je pus alors dire à Dieu que maintenant, j'étais totalement à Son Service, et que c'était à Lui de faire ce qu'Il voulait de moi… Je venais de nouveau de retrouver mon chemin spirituel.

En tout état de cause et malgré la rude épreuve qui venait de m'anéantir, je pus me redresser grâce à l'aide et à la sympathie des personnes qui m'entouraient, ainsi que de toute cette force dont je me sentais remplie et dont la provenance ne pouvait venir que du Ciel. C'est aussi grâce à la rencontre avec l'enseignement dont j'ai déjà parlé aux chapitres précédents, que j'ai compris que je devais changer totalement de route. J'avais enfin pris conscience qu'en acceptant tout ce que j'avais déjà subi jusqu'à ce moment je ne me respectais pas, je ne m'aimais pas, je me laissais considérer comme une sorte de paillasson sur lequel on pouvait s'essuyer les pieds sans soucis de ce que je pouvais ou non ressentir… Ce n'était pas une voie juste. Si l'Amour inconditionnel passe par le pardon, il passe aussi par le respect et l'amour de Soi. Il me fallait commencer par là.

Trois années de reconstruction furent nécessaires pour atteindre l'état de « résilience » qui fut le mien après cet épisode !

N'ayez plus peur de la mort

Dans une solitude, relative et bienfaisante, car je fis malgré tout beaucoup de rencontres qui m'apportèrent de nouveaux amis, j'appris la liberté d'être, la liberté de choisir et enfin retrouver ma joie de vivre ! J'ai pu également pardonner à ce compagnon parce que, par son comportement possessif et violent, il m'avait permis de me dépouiller de tout ce qui n'aurait pu que m'encombrer pour me mettre totalement au Service de la Lumière. Et s'il avait été mis sur ma route seulement pour cela, je devais l'en remercier car j'avais gagné de haute lutte ma liberté. Enfin, j'avais retrouvé à ma Source les forces nécessaires pour me remettre au monde une nouvelle fois !

Les épreuves que la vie terrestre nous présente et nous demande de dépasser au fil du temps n'incitent pas, il est vrai, à croire en un Dieu qui pourrait nous prendre en charge et nous donner des solutions immédiates à nos problèmes. Mais la sagesse populaire ne nous dit-elle pas : « aide-toi, le ciel t'aidera » ? C'est parce que j'ai pu ressentir Sa Présence aimante à mes côtés dans les moments les plus difficiles de cette existence et me fier à elle, que j'ai acquis cette conviction que nous n'étions jamais seuls. Je n'ignore pas qu'il n'est pas si simple de croire à un « Au-delà » de ce monde, à d'autres Êtres capables de nous accompagner, de nous répondre et de nous donner l'élan nécessaire pour continuer la route lorsqu'elle est si pleine d'embûches et d'épreuves. Mais tant que nous restons vrais et fidèles à notre être profond, nous ne sommes jamais abandonnés sans secours dans les pires moments de notre vie. C'est ainsi que, tel le Phœnix, on peut toujours renaître de ses cendres.

Changement de plan

*« Soyez certains que Dieu existe
et qu'au-delà de ce monde il y a un autre monde,
le monde des âmes. »*

– Ostad Elahi (1895-1974)
(penseur spirituel, musicien
et haut magistrat iranien)

Un jour de juin 1984, une de mes amies avec laquelle je partageais les mêmes convictions spirituelles, me téléphona pour me demander un service. Elle avait promis à une dame, habitant à une centaine de kilomètres, de venir la réconforter après la mort récente de sa meilleure amie. Or, son fils étant arrivé sans prévenir, elle ne pouvait honorer sa promesse et me demanda si je pouvais y aller à sa place. Ce que j'acceptai…

Je pris donc quelques affaires dans ma petite voiture (il était prévu que je passe une nuit sur place) et me voici partie en direction de Gap, où j'arrivai autour de 17 heures. Sur place, je fus cordialement accueillie. La dame m'attendait, déjà affairée à préparer le repas du soir. C'était une personne d'un peu plus de cinquante ans, malvoyante, contrainte de porter des verres très épais, qui avait du mal à se déplacer. Après m'avoir fait visiter la chambre où je dormirais (l'ancienne chambre de son amie décédée), je retournai avec elle à la cuisine, lui proposant mon aide dans la préparation du dîner. Elle accepta avec simplicité et se mit aussitôt à me raconter son histoire.

La personne décédée – Jeanine – avait été sa meilleure amie, c'était comme une sœur pour elle. Atteinte d'une maladie osseuse qui la faisait beaucoup souffrir, sa santé défaillante l'amena un jour à s'installer avec son amie pour se faire aider. Elles vivaient donc ensemble depuis plusieurs années quand le moment arriva où il fut nécessaire de l'hospitaliser car le mal s'était aggravé. Elle avait dû alors rester couchée dans une coque qui devait la maintenir soutenue, situation qui ne pouvait se faire à domicile tant il était contraignant d'assumer ses soins dans ces conditions.

Cette maladie la paralysa bientôt et elle finit par en mourir. Son amie, restée seule avec son chagrin, devint inconsolable. Elle continuait de lui mettre son couvert tous les soirs pour la conserver comme « vivante » à côté d'elle… Elle priait et la pleurait souvent, n'arrivant pas à couper le lien fort qui l'avait attachée à elle. Jeanine avait été une belle âme qui s'était dévouée aux autres toute sa vie. Elle était très pieuse (elle avait failli être religieuse), ne s'était jamais mariée et avait travaillé bénévolement après la dernière guerre à la recherche de personnes disparues. En effet, nombre de familles avaient été disséminées, éparpillées au cours de l'exode provoqué par les bombardements de l'époque, fuyant les conflits et la déportation. Jeanine avait même adopté certains enfants qui avaient perdu leur famille, et si certains n'avaient pu survivre à leur destin dramatique, d'autres avaient pu grandir et devenir des adultes équilibrés grâce aux soins et à l'amour qu'elle leur avait prodigués.

La personne chez qui je me trouvais termina son histoire en me disant que depuis quelques jours, elle s'inquiétait de retrouver dans ses placards des verres brisés en menus morceaux au

Changement de plan

milieu des autres verres intacts et d'entendre souvent des coups frappés dans son armoire. Récemment, elle avait même trouvé un collier disposé en forme de cœur dans son tiroir… Elle voulait savoir comment pouvaient se produire de tels phénomènes et ce qu'ils signifiaient… Jeanine était décédée depuis plusieurs mois, se pouvait-il que ces signes viennent d'elle ?

Durant le récit, le dîner avait été servi et nous continuâmes notre conversation. Je pus lui expliquer ce que je savais déjà de l'après-vie, comment l'âme, retenue à la Terre par le trop grand chagrin d'une personne, pouvait rester bloquée dans les plans de l'astral très proches de notre monde terrestre, sans pouvoir s'en détacher pour monter vers la Lumière… Jeanine devait effectivement se manifester à travers ces phénomènes qui d'ailleurs demandent une certaine énergie plus dense qu'habituellement dans ce monde invisible, de la part de l'âme qui veut se faire reconnaître. Ce sont des phénomènes fréquents lorsque l'âme ne parvient pas à s'élever sur les plans supérieurs, soit parce qu'elle ignore l'existence de ces plans de Lumière, soit parce qu'elle veut rester dans l'environnement familier terrestre qu'elle vient de quitter. Je ne voyais pas d'autre explication plausible pour expliquer ces manifestations et je lui confirmai donc que Jeanine ne devait pas être bien loin et qu'elle tentait de communiquer avec elle par ces différents moyens. Je lui fis comprendre qu'elle devait souffrir de voir la propre souffrance de son amie et que son chagrin l'obligeait à rester dans les plans inférieurs plutôt que de monter sur le plan de Lumière qu'elle aurait déjà dû rejoindre ! L'amour excessif de cette femme pour Jeanine était devenu une forme de prison, aussi bien pour elle-même que pour l'âme de son amie qu'elle ne laissait pas libre de quitter le plan terrestre.

La conversation sur ce sujet important de l'après-vie se poursuivit jusque vers une heure du matin et après avoir débarrassé la table, je lui proposai de faire une prière en commun pour que Jeanine puisse à présent partir vers de plus hautes sphères, ce qu'elle accepta après avoir encore beaucoup pleuré. Je me souviens encore, dans ce moment intense de prière commune, avoir ressenti bien plus fortement l'odeur des lys que j'avais apportés à mon hôtesse à mon arrivée. J'ai eu l'impression qu'il y avait comme un « merci » dans le parfum particulier qu'exhalaient ces fleurs magnifiques, symbole de pureté…

Quelque peu fatiguée par le voyage, mais aussi par le soutien psychologique et spirituel que j'avais dû déployer toute la soirée auprès de mon hôtesse pour l'aider à dépasser son chagrin, c'est avec un sentiment de paix intérieure que je partis me coucher – dans l'ancienne chambre de Jeanine – pour m'endormir aussitôt profondément.

Au milieu de la nuit, je fus réveillée par un bruit étrange, un bruit connu mais insolite qui ne pouvait que me surprendre : c'était le même bruit que faisait le briquet de mon père, lorsque, de son vivant, il allumait ses cigarettes ! En même temps, j'entendis comme un bruit de sac en plastique qu'on aurait manipulé, du côté de mon sac de voyage… Je me mis sur le dos pour écouter ces bruits ambiants de mes deux oreilles. Je sentais nettement une « présence » dans la pièce qui, sans me faire peur, commençait à m'intriguer sérieusement… C'est alors que la chambre s'éclaira progressivement. Je vis apparaître dans l'angle droit de la pièce, près d'un meuble secrétaire qui se trouvait là, une grande silhouette d'apparence masculine, revêtue d'une longue cape dont la capuche était légèrement rabattue sur le visage. Je ne voyais pas les traits de ce *personnage* si ce n'est le sourire bienveillant et rassurant. Il se dégageait de cet Être énormément d'Amour, mélangé aussi d'un brin d'humour dans ce sourire qui me disait : « N'aie pas peur, tu as de la visite !… »

Dans le même temps, alors que j'assistais à ce spectacle sans pouvoir ni bouger ni dire une parole, je sentis de chaque côté du lit des mains prendre les miennes sans rien pouvoir faire. À partir de là, je commençai à éprouver une drôle de sensation, impossible à définir, partagée entre la confiance et la peur…

Changement de plan

Ces mains étaient tangibles, fermes, et je commençais à les distinguer, elles se matérialisaient progressivement, pendant que, tout aussi progressivement, mon sang se retirait de mes veines, mes jambes semblant se glacer du bas vers le haut… Je ne sentais plus les battements de mon cœur, je ne pouvais rien faire, j'étais comme dédoublée car d'une part je voyais la scène comme si j'étais spectatrice, et d'autre part je la vivais en même temps, allongée, sans pouvoir faire autre chose que d'invoquer la présence du Christ et de prier… Alors apparurent de chaque côté du lit, à gauche une femme d'une quarantaine d'années, aux cheveux bruns et courts, habillée d'un tailleur bleu marine, et à droite un petit garçon d'une douzaine d'années, vêtu d'un pantalon marron et d'une chemise dans des tons jaunes. C'étaient eux qui me tenaient chacun une main ! Sans dire un mot, ils vinrent ensemble poser leur tête sur mon cœur, et là seulement, je pus libérer mes mains pour leur caresser les cheveux, de «vrais» cheveux doux et lisses. Et je ne pouvais que dire (sans mots mais par télépathie) : «Ça va aller maintenant, ça va aller…» Je ressentais leur profonde gratitude sans comprendre vraiment ce que j'avais fait pour la mériter, et le temps se suspendit… Jusqu'à ce que mes visiteurs commencent à se fondre lentement dans la lumière puis disparaissent, progressivement et dans l'ordre où ils étaient apparus : la femme d'abord, le petit garçon ensuite, puis le Grand Être à capuche qui souriait toujours et dont je pouvais ressentir tout l'Amour. Puis la lumière dans la pièce commença à s'atténuer pour finir par disparaître totalement. Mon sang se remit à circuler peu à peu dans mes membres et je fus à nouveau seule et dans le noir le plus total. Le silence, comme figé, suspendit le temps un moment… Puis aussi soudainement que tout avait repris sa place, une jeune fille en robe à fleurs fit irruption dans la pièce (je pouvais la voir très clairement bien qu'étant dans l'obscurité). Elle ouvrit la porte de ma chambre en me demandant distinctement : «Mais où se trouve le cinéma ?» Cette situation, totalement décalée et qui, sur le moment, pouvait paraître cocasse, était tout aussi surprenante que ce que je venais de vivre. Mais j'avais conscience d'être maintenant revenue sur cette Terre et que cette nouvelle visite était actuelle en même temps que hors du temps… Autrement dit, encore un peu entre deux mondes, j'avais une double perception, mon âme percevant également le plan astral que je pouvais voir depuis le plan terrestre où j'étais à peine revenue. Curieuse impression !

Dans ces moments-là où *nous savons* que nous sommes dans un autre espace, un autre plan parallèle, nous pouvons toujours parler télépathiquement aux âmes. Celle-ci s'était vraisemblablement égarée sans savoir qu'elle n'était plus de ce monde alors qu'elle s'y croyait encore… Je lui répondis donc (par télépathie) : « Il n'y a pas de cinéma ici, cherche plutôt la Lumière, c'est vers elle que tu dois aller ». Elle repartit en claquant la porte de ma chambre, visiblement mécontente de ma réponse, semblant grommeler quelque chose qui avait à voir avec son énervement de ne pas trouver ledit cinéma…!!!

Lors de ces deux scènes successives, tout se passa sans qu'un seul mot soit prononcé de ma part. Cependant tout fut dit, uniquement par communication *non verbale*, raison pour laquelle je compris – *a posteriori* – que je me trouvais sur un autre plan de conscience, dans un espace où le corps de matière n'intervient plus. Seules les âmes – y compris la mienne – étaient en présence de ce monde subtil ou plan astral, continuant de voir par les yeux spirituels de chacun le déroulement des événements, dans leur globalité, dans le monde où elles se trouvaient.

La fin de cette expérience si particulière se termina de la même façon qu'elle avait commencé : un bruit de sac froissé, et celui du briquet de mon père qui se referma plusieurs fois de suite – comme un « au revoir »… Tout redevint calme, et je replongeai dans un sommeil sans rêve jusqu'au matin…

Changement de plan

C'est la lumière du jour qui me réveilla, entrant par les interstices des rideaux placés devant les deux fenêtres. Très vite, tout ce qui s'était passé durant la nuit me revint, au détail près. Je balayai du regard la pièce. Mes yeux se posèrent à l'endroit où était apparue la haute silhouette de cet Être plein d'Amour qui semblait avoir tout organisé. Son sourire et l'Amour qu'il dégageait étaient – et sont encore – en moi. Rien ne semblait avoir changé extérieurement, seule ma perception des « choses » et de l'atmosphère ambiante étaient différente… Je remerciai le Ciel de m'avoir permis de vivre une telle expérience tout en ne me sentant pas encore intégralement *revenue* dans mon corps physique, pas tout à fait réancrée…

J'entrepris de ranger mes affaires dans mon sac de voyage, ce qui eut pour effet de me remettre au contact du quotidien ordinaire, bien plus sécurisant sur le moment. Je vérifiai le sac plastique où se trouvait ma paire de chaussures : je pus constater que c'était un sac tout à fait ordinaire, n'ayant aucune raison de se manifester d'une façon quelconque, ce qui me fit sourire ! Ensuite je sortis de la chambre pour aller prendre le petit déjeuner avec mon hôtesse.

Lorsque j'entrai dans la salle à manger, j'en étais à me dire que j'avais peut-être simplement rêvé tout cela. Et c'est avec beaucoup de circonspection que je lui demandai le plus naturellement possible : « Est-ce que vous avez un chat dans la maison ? — Non, me répondit-elle étonnée. — Et des souris ? — Pas que je sache ! me répondit-elle encore plus étonnée. — Mais pourquoi me demandez-vous cela ? » Je lui racontai alors mon aventure de la nuit qui avait commencé par le bruit du sac froissé et le claquement d'un briquet. (Un chat ou des souris auraient pu marcher sur le sac en plastique contenant mes chaussures, ce qui aurait pu me réveiller !) Elle écouta attentivement la suite de mon récit. À la fin de l'histoire, sans dire un mot, elle partit dans sa chambre et revint avec la photo de Jeanine que je n'avais jamais vue : c'était la même personne qui était venue me voir !

Je lui demandai alors : « Et le petit garçon, qui est-il ? » Elle me répondit ne pas savoir. Cependant, elle savait que Jeanine avait été marraine d'un jeune garçon orphelin, décédé depuis de nombreuses années à l'âge d'environ 12 ans. Peut-être était-ce lui qui l'attendait dans le plan astral pour pouvoir « monter » avec elle ? Le Temps n'existant pas de l'autre côté de ce monde, il est probable qu'il ignorait aussi qu'il pouvait changer d'espace, changer de plan pour avancer, et qu'il attendait que sa marraine lui montre le chemin ?

Quant à la jeune fille avec sa robe à fleurs, mon hôtesse m'appela le lendemain de mon retour pour m'apprendre qu'un article dans le journal relatait l'accident de voiture de quatre jeunes gens de la région, partis la veille pour aller au cinéma. Il y avait eu trois blessés dont un grièvement, et une jeune fille qui y avait trouvé la mort... Je ne sais par quel prodige elle s'était retrouvée dans ma chambre. Peut-être que, si proche encore du plan terrestre avait-elle été attirée par la Lumière qui s'était montrée à elle à cette heure avancée de la nuit ?

Que dire et quelle conclusion tirer de cette extraordinaire expérience ? Il y a plus de trente ans qu'elle m'est arrivée et je n'y étais absolument pas préparée. Mais je n'en ai jamais oublié le moindre détail, que ce soit dans le ressenti physique autant que dans celui de mon être profond...

Dirais-je que l'Au-delà s'est manifesté à mon âme – ou à ma conscience – sans avoir eu besoin de faire une EMP ? Jeanine a été le point central de ma venue chez cette femme de Gap, afin de la soutenir et lui donner des éléments de réponse à ses questionnements. Est-elle venue me témoigner sa gratitude pour avoir aidé son amie à accepter son départ, et ainsi me donner la preuve tangible de l'existence d'un autre monde, bien réel, où la vie continue hors espace-temps après la mort ?

Changement de plan

Je pense aussi que pour que cette expérience ait pu se faire, il fallait qu'un Être particulier en soit l'intermédiaire en même temps que le point d'ancrage de la Lumière. Seul un Guide de Lumière pouvait remplir ce rôle, abaissant ses vibrations jusqu'à pouvoir être visible à mes yeux spirituels pour que je ne cède pas à la peur qu'aurait pu engendrer la situation. C'est de lui, à n'en pas douter, qu'émanait la Lumière éclairant ma chambre… Je le remercie de Sa Présence d'Amour – et d'humour – qui m'a permis d'accomplir le plus sereinement possible ce qui m'a été demandé de vivre infiniment dans ce moment-là. Je ne l'ai pas oublié et ne l'oublierai jamais, espérant le revoir lorsque j'aurai moi aussi à rejoindre Notre Source…

Pour la petite histoire et afin de la conclure, lorsque je suis repartie de chez cette dame, j'ai dû mettre la radio de ma voiture sur une station où la musique était bien rythmée et bien ancrée afin de pouvoir me réancrer moi-même, car je n'ai pas retrouvé tout de suite ni facilement ma condition d'humaine correctement incarnée. Ce fut à l'époque une expérience tout de même suffisamment déstabilisante pour que je demande à mes Guides de ne plus me réserver de pareilles surprises ! Ils ont été particulièrement compréhensifs et n'ont plus renouvelé ce genre de manifestation.

J'ai aussi longtemps évité les sacs en plastique à l'endroit où je dormais !

Un dernier détail : plus jamais aucun phénomène insolite ne s'est reproduit dans l'appartement de la dame. Jeanine a dû pouvoir se libérer du plan terrestre pour rejoindre la Lumière avec le petit garçon, et son amie a dû sécher ses pleurs pour pouvoir continuer de vivre la suite de son propre chemin… Qu'il en soit ainsi !

L'Annonce

> « Le destin est ce qui nous arrive
> au moment où on ne s'y attend pas. »
> – Tahar Ben Jelloun (prix Goncourt 1987), *Éloges de l'amitié*

Nous sommes en juillet 1986. Nous venons de nous marier, Bruno et moi. Rencontre improbable que je qualifierai de miraculeuse. À n'en pas douter, cette rencontre était un rendez-vous déjà pris dans le Ciel !

C'est à l'automne précédent que j'avais fait sa connaissance lors d'une conférence que j'avais donnée près de Valence, organisée par des amis communs, sur le thème de l'Au-delà. Dès que je le vis, je sus que je le connaissais déjà. Ou plutôt, mon âme le re-connaissait ! Je le sus à cette accélération du cœur qui ne m'était pas coutumière… Après la conférence et le débat « questions-réponses » qui avaient suivi, nous avons continué la soirée chez ses amis par un échange qui portait sur les sujets spirituels qui nous avaient réunis ce soir-là.

Le livre *Jonathan Livingston le goéland* de Richard Bach, que Bruno venait de terminer récemment et que j'avais lu moi-même par le passé, nous avait rapprochés. Cette histoire écrite comme un roman initiatique raconte exactement le sujet dont nous venions de parler ce soir-là : la Vie après la vie. Nos appréciations sur cette lecture se rejoignaient. L'intérêt spirituel de ce garçon, bien plus jeune que moi, me touchait. Sa maturité et sa curiosité pour les choses de l'esprit étaient si inhabituelles chez un jeune homme de son âge ! Comme il était très demandeur d'enseignements spirituels, je lui proposai de commencer la lecture de l'enseignement que j'avais moi-même rencontré quatre ans auparavant et qui m'avait permis de changer totalement le cours de ma vie…

Cette lecture déclencha en lui une quantité de questions et sa faim de savoir le conduisit à m'appeler chaque semaine pour me demander des réponses à ses nouvelles interrogations. Habitant Paris alors que j'étais à Valence, il décida de revenir pour les fêtes de Noël. Nous nous revîmes donc deux mois plus tard durant les fêtes de fin d'année, chez nos amis communs. J'appris à cette occasion qu'il avait passé ses deux mois d'été à voyager en solitaire au Canada, le traversant de Vancouver à Montréal – des montagnes Rocheuses au fleuve Saint-Laurent –, soit près de 4 000 km, sac au dos et en auto-stop – « sur le pouce » comme disent les Canadiens. Épris de beaux paysages et de lieux insolites, aimant les rencontres avec les gens de tous âges et de tous lieux, il avait rapporté une quantité impressionnante de photos, toutes plus belles ou plus étonnantes les unes que les autres. Il nous fit voyager à travers ces images et nous raconta des anecdotes et aventures vécues qui lui étaient arrivées durant son voyage. Dès lors, sa maturité ne m'étonna plus, car pour faire un tel périple seul, dans un si grand pays inconnu, sous la tente – ou parfois chez des gens accueillants –, il fallait avoir un certain cran, du courage et une grande détermination. Ce furent des moments de partages passionnants.

Pour le Jour de l'an, j'osai l'inviter chez moi et nous passâmes toute la journée ensemble. Il se dévoila un peu plus dans ses goûts musicaux, ses pensées philosophiques, son action dans

L'Annonce

une association appelée ANVA (pour Association non-violente active, à l'image de ce que prônait Gandhi) créée un an auparavant avec quelques amis. Autant de sujets qui me fascinaient chez lui. D'autre part, son enjouement et sa joie de vivre naturelle étaient contagieux et cette journée se passa dans les rires et la bonne humeur. Nous nous quittâmes sur un « au revoir, à très bientôt » qui laissait supposer qu'il ne tarderait pas à revenir… Il y eut comme un vide derrière lui après son départ…

Une correspondance assidue commença alors à s'installer entre nous, toujours sur les sujets spirituels qui le questionnaient le plus à la lecture du dernier livre que je lui avais conseillé. Je lui répondais chaque fois par de longues lettres explicatives et il me répondait à son tour (il n'y avait pas encore Internet en ce temps-là) !

De temps en temps, un appel téléphonique après vingt-trois heures[1] nous permettait de nous parler directement et nous y passions largement plus d'une heure, les factures se partageant entre chacun. Les jours et les semaines passant, je me sentais de plus en plus proche de lui, comme imprégnée de ses pensées et de ses paroles mais, vu notre écart d'âge, je m'interdisais toute idée d'un rapprochement plus qu'amical avec lui.

Ce fut mi-février, soit un mois et demi plus tard, que je reçus une longue lettre de sa part à la fin de laquelle il me posait une question un peu plus spéciale que d'ordinaire. Nous en étions toujours au stade du vouvoiement et c'est donc de cette façon qu'il rédigea sa demande : « Je viens de lire dans le livre que vous m'avez conseillé la conférence sur le mariage. C'est ainsi que je souhaiterais vivre avec vous. Accepteriez-vous de m'épouser ?… »

---

1. À l'époque, le téléphone représentait une dépense importante pour qui voulait échanger par ce moyen. Le tarif était moins coûteux la nuit.

N'ayez plus peur de la mort

D'autres mots terminaient sa lettre mais je ne me souviens que de ceux-là ! L'émotion fut telle que je tombai à genoux pour remercier le Ciel de ce cadeau totalement inattendu, tout en pleurant malgré – ou à cause de – cette joie qui m'envahit d'un coup, comme une douche d'intense bonheur. Je revenais de si loin après les multiples déboires que j'avais connus si longtemps ! Mon âme était remplie de gratitude devant ce bonheur inespéré et j'en remerciai profondément le Ciel en une prière sans autres mots que MERCI répété à l'infini. Bien entendu, j'ai dit oui !

Fin mars, Bruno revint près de moi afin de mettre au point son arrivée dans ma vie, car il n'avait aucune intention de rester à Paris. Début mai, nous trouvâmes à Cornas, un joli village situé non loin de Valence, une petite maison où vivre ensemble, dans les vignes et les cerisiers, et le 5 juillet nous passions devant monsieur le maire pour échanger nos alliances et signer notre engagement… *jusqu'à ce que la mort nous sépare* – encore que la mort ne sépare personne, surtout lorsque l'amour est présent !

Le 7 septembre qui suivit eut lieu notre mariage spirituel en Autriche, lieu de célébration des fêtes spirituelles correspondant à l'enseignement que j'avais reçu. Ce fut une cérémonie sobre et émouvante où nous nous sommes promis l'un à l'autre de monter ensemble vers la Lumière.

En six mois, ma vie avait basculé dans un conte de fées auquel je n'osais croire ! Et cependant il se renouvelle d'année en année. Pas plus tard que le 5 juillet dernier, mon cher mari est revenu avec cinq magnifiques roses rouges pour notre trente et unième anniversaire de mariage.

On pourrait trouver ici que tout est accompli s'il ne manquait la suite habituelle de l'histoire : « Ils furent heureux et eurent beaucoup d'enfants ! » Malheureusement, je ne pouvais prétendre à cette belle perspective ! Un seul enfant nous aurait amplement rendus heureux, mais il était d'ores et déjà certain que je ne pourrais pas – ou plus – en avoir… D'une part, mon âge (j'avais 44 ans à cette époque) ne me semblait plus compatible avec les obligations et contraintes qu'impose un tout-petit. D'autre part, les suites de la naissance difficile de ma fille vingt-quatre ans plus tôt m'avaient laissé des séquelles sur le plan physiologique. Après elle, j'avais fait plusieurs tentatives pour lui donner un frère ou une sœur, mais je n'avais jamais réussi à porter à terme ces nouvelles grossesses. Ces âmes me quittaient spontanément et systématiquement après les trois premiers mois de gestation et j'avais fini par renoncer depuis très longtemps à une nouvelle maternité, d'autant plus qu'ensuite avait eu lieu mon divorce.

J'avais donc prévenu Bruno que nous n'aurions pas d'enfant, et il semblait que cela ne lui posait aucun problème.

Ainsi nous pouvions commencer notre vie de couple pleinement heureux ! D'autant plus heureux que lors de notre mariage spirituel, nous avions sympathisé avec deux femmes thérapeutes canadiennes qui cherchaient une secrétaire comptable pour leur cabinet médical à Montréal. Elles m'avaient spontanément proposé la place et Bruno avait été transporté de joie à cette idée : « Imagine ! Pouvoir vivre dans ce pays magnifique où les habitants sont si "vrais" et les paysages si beaux ? Quel cadeau du Ciel ! » Il exultait… et moi avec ! J'avais donc accepté cette nouvelle situation qui allait combler son bonheur en le faisant retourner dans ce pays qu'il avait tant apprécié et où il s'était déjà fait des amis et connaissances. « Tu vas voir, disait-il, je vais te faire découvrir des gens chaleureux et les merveilles de ce pays ! » Cela me donnait très envie d'aller m'expatrier, au moins pour un temps, afin de réaliser un rêve que je n'aurais jamais osé seule… Si j'avais déjà un travail, nul doute que lui pourrait en trouver une fois sur place !

Nous nous sommes donc mis à organiser notre départ pour le Canada de façon à partir à la fin du mois de janvier suivant, date à laquelle devait commencer mon contrat de travail. Mon mari donna sa démission de l'emploi qu'il avait trouvé en arrivant à Valence. Quant à moi, j'avais déjà quitté le mien au moment de notre mariage, les horaires imposés par mon employeur, notamment le dimanche, n'étant pas compatibles avec une vie familiale. Cela étant, je percevais des indemnités de chômage qui nous permettraient de vivre les premiers temps, en attendant que je perçoive un salaire et que Bruno trouve un emploi sur place.

Les parents de Bruno ont accepté de nous héberger le dernier mois avant notre départ. Nous avons donc donné congé au propriétaire de notre petite maison pour le 1er janvier… Entretemps nous avons distribué tous nos meubles au sein de nos familles respectives. Puis nous avons rempli plusieurs mètres cubes de cartons contenant nos effets vestimentaires et les choses indispensables pour commencer notre vie là-bas. Nous les avons expédiés par bateau jusqu'à Montréal où ils nous attendraient à notre arrivée. À ce stade, nous n'avions plus rien pour nous retenir. Il ne nous restait plus que ma petite voiture qui servirait à retourner en Autriche fin décembre pour y célébrer les Fêtes spirituelles de cette période. En même temps nous y rencontrerions nos amies canadiennes pour finaliser notre départ. Après quoi la voiture serait vendue à un de mes amis qui l'avait déjà retenue, la somme prévue pour la vente devait nous servir à acheter nos billets d'avion.

Tout s'était bien organisé et s'était parfaitement déroulé pour faciliter notre départ. Nous n'avions plus qu'à recevoir les informations de nos amies canadiennes qui avaient de leur côté organisé notre arrivée à Montréal.

La fin de l'année arriva très vite. Nous étions attendus en Autriche le 27 décembre pour rencontrer Diane et Odile, nos nouvelles amies. La route de Valence à Innsbruck étant longue,

L'Annonce

nous avions prévu un arrêt intermédiaire en Suisse pour nous reposer et repartir le lendemain.

Cet hiver 1986-1987 fut un hiver de neige comme on en avait rarement vu en France. Un hiver particulièrement froid où même le gas-oil gelait dans les radiateurs des voitures. Dans « mon ancienne vie », – avant l'arrivée de Bruno –, j'avais habité durant neuf ans en montagne et j'étais donc familiarisée avec la conduite sur neige, ce qui n'était pas son cas… Nous décidâmes donc de nous relayer à la conduite : dans les parties plus difficiles je prendrais le volant. Munis de bonnes chaînes, tout devait bien se passer. Nous partîmes donc le matin même de Noël, bien équipés, heureux et pleins d'enthousiasme ! C'était comme une répétition avant le Canada.

Il nous fallut vite déchanter…

La route était si enneigée que nous avons cassé par deux fois les chaînes, et avons dû les réparer nous-mêmes pour pouvoir continuer le voyage. Les engins de déneigement n'arrivaient pas au bout de leurs efforts et des paquets de neige obstruaient les routes qui se confondaient avec le ciel blanc d'où tombaient de gros flocons serrés recouvrant tout, y compris les panneaux indicateurs. Nous avions parfois cette impression très anxiogène de ne pas savoir où nous roulions, où nous allions, perdus dans un monde uniformément blanc, sans repères, entre ciel et terre… Après environ huit heures de route et de multiples arrêts, nous arrivâmes enfin en Suisse. Il était 10 heures du soir. Sur l'autoroute – cette fois bien déneigée – qui arrivait sur Berne, c'est Bruno qui était au volant. Fatigués, nous décidâmes de nous arrêter là pour dormir. Nous étions arrivés devant un échangeur qui menait à droite vers le centre-ville, et à gauche vers un endroit portant le nom de… « Bethléem ». Lorsque Bruno me demanda « quelle direction je prends ? » je lui répondis en riant « Bethléem bien évidemment ! Un soir de Noël on ne peut faire autrement ! » Il bifurqua donc rapidement à gauche, peut-être trop rapidement sur le sol glissant recouvert d'une fine couche de neige gelée. Il partit en toupie entre les deux rails de la bretelle d'autoroute, projetant la voiture qui s'arrêta contre le rail de droite, donc du côté passager où je me trouvais. Par chance aucune voiture n'arrivait à ce moment dans l'espace de l'accident, ce qui fait que nous n'avons pas causé d'autres dommages à une tierce personne éventuelle... Redressant la voiture, Bruno la mit sur la bande d'arrêt d'urgence et descendit pour voir les dégâts ! De mon côté, impossible de descendre, la portière était enfoncée et bloquée. Le phare droit avait éclaté sous le choc et nous ne pouvions plus nous aventurer sur la route avec un éclairage défectueux. Cependant, rien de cassé dans la direction, il n'y avait pas d'autres dégâts apparents. Bruno remonta donc dans la voiture et prudemment nous arrivâmes à Bethléem, devant une petite auberge où nous fûmes accueillis avec gentillesse. Durant tout le trajet, du point de l'accident jusqu'à cette auberge, je n'avais pas cessé de penser que cet accident de voiture (c'était notre billet d'avion !) me concernait personnellement. En effet, c'était ma voiture et c'était de mon côté qu'avait eu lieu l'impact. Il y avait là « un signe » que je n'arrivais pas à comprendre mais qui me suffisait pour avoir la certitude que c'était *à moi* que s'adressait le message... Mais lequel ?

Épuisés, quelque peu contrariés tout de même par ce qui venait de nous arriver, nous nous sommes couchés sans même toucher aux sandwichs que j'avais préparés pour le soir. Après que Bruno eût plongé rapidement dans un profond sommeil, j'ai prié et demandé une réponse sur ce que j'avais à comprendre de la situation... et je finis par m'endormir.

C'est dans mon sommeil que, dans cette nuit du 25 au 26 décembre, je reçus la réponse, par l'intermédiaire d'un songe : je me trouvais dans un immense espace de couleur orange, un orange lumineux et transparent comme il n'en existe pas sur cette Terre, un orange chaud et doux, vibrant, comme *vivant*, sans limite aucune... Je baignais littéralement dans cette couleur avec délice lorsqu'une Voix grave semblant venir «d'en Haut», une voix masculine puissante, m'interpella en m'appelant par mon prénom: «Arlette, tu attends un enfant, tu ne dois pas partir au Canada, cet enfant doit naître en France!» Cette annonce, suivie de cette injonction, fut si forte que je me réveillai instantanément, assise d'un coup sur le lit, encore sous le coup de l'émotion d'avoir «entendu» ce que venait de m'annoncer La Voix. Je secouai aussitôt mon mari qui dormait profondément. À moitié réveillé, il me demanda ce qu'il se passait et je lui racontai d'un trait ce rêve que je venais d'avoir. J'étais toute retournée mais cela ne sembla pas le perturber outre mesure. Il me dit seulement: «Calme-toi ma puce, c'est sans doute dû au choc de l'accident»… et il se rendormit aussitôt. Je restai là comme hébétée, incapable de retrouver le sommeil, certaine que ce n'était pas un rêve mais une réalité… Je le savais, je le sentais, je le vivais, cette annonce était bien réelle!

Le manque de sommeil eut enfin raison de mes interrogations et je m'endormis au petit matin, avec cet inquiétant mais doux secret déjà caché au fond de moi.

Le lendemain, après avoir consulté un garagiste qui redressa tant bien que mal la portière et changea le phare, nous repartîmes en direction de l'Autriche, plutôt silencieux. Bruno n'avait pas reparlé de mon rêve et je n'avais pas voulu non plus revenir dessus. Après tout, il avait peut-être raison? Mon cycle devant se situer autour du 5 janvier, il serait bien temps de se faire du souci à ce moment-là…

C'est ainsi que nous arrivâmes en fin de journée dans le petit village de Vomp, non loin d'Innsbruck, prêts à rencontrer nos amies canadiennes avec lesquelles nous avions rendez-vous le lendemain, juste après la première journée de célébration spirituelle.

Lorsque ce rendez-vous eut lieu j'étais comme absente. J'entendais encore cette Voix imposante qui était venue la nuit précédente m'annoncer cette nouvelle incroyable… Et je devais la garder pour moi puisqu'elle l'était ! C'est Bruno qui nota toutes les dispositions qui avaient été prises pour notre arrivée à Montréal le 26 janvier prochain, soit juste un mois plus tard ! Dans un mois ? Il était déjà trop tard pour faire marche arrière… Comment cela se passerait-il si j'attendais vraiment un enfant ? Si je ne respectais pas la demande d'En Haut, qu'adviendrait-il ? Je chassais ces pensées au fur et à mesure qu'elles m'assaillaient… Je ne pouvais même pas en parler à ces deux amies qui comptaient sur moi et qui avaient tout prévu pour notre accueil, jusqu'à l'appartement qui était déjà retenu…

Je vécus ces trois jours de Fêtes spirituelles comme dans un rêve. Je me sentais comme dédoublée, une partie de moi était là au milieu du monde et une autre était à côté, seule avec son secret. Bruno était attentif à moi, mais ne voyait pas combien j'étais perturbée. Sans doute pensait-il que seul le départ pour ce pays lointain, quittant la France pour si longtemps, était de nature à me rendre moins gaie que d'habitude ? Cela, ajouté au problème de la voiture, il y avait effectivement de quoi être soucieuse. Mais sa joie à l'idée de ce prochain voyage l'empêchait d'être dans ma propre réalité. Il ne pensait qu'à se réjouir de cette nouvelle aventure et cette fois, avec moi…

Le 31 décembre, nous sommes rentrés directement d'Autriche en région parisienne, chez les parents de Bruno où nous logions en attendant notre départ. Nous souhaitions fêter le Jour de l'an ensemble, le dernier avant notre installation au Canada. Il nous restait encore un petit mois avant le grand départ. De mon côté, j'attendais avec impatience de savoir si la prédiction de la Voix allait se révéler exacte… Le 5 janvier fut vite là, puis le 6, le 7 et le 8 passèrent… Le 10 janvier j'allais à la pharmacie acheter un test de grossesse. La Voix n'avait pas menti ! La petite pastille bleue qui était apparue sur le test était en train de me dire que j'attendais bien un enfant, que ce

L'Annonce

serait un garçon et qu'il devrait s'appeler Jonathan[2] du nom du goéland, héros du livre qui nous avait rapprochés, Bruno et moi. J'allai voir Bruno et lui montrai la preuve que *l'annonce* était vraie ! Sa nature positive accueillit la nouvelle avec joie, mais je vis bien qu'il ne réalisait pas vraiment qu'il allait être père ! C'était le départ au Canada avant tout qui comptait pour lui…

Que devions-nous faire ? Tout était déjà enclenché, les colis partis par bateau, plus de meubles, plus de domicile, plus de travail. Cependant, les billets d'avion avaient pu être achetés car la voiture fut tout de même vendue, déduction faite des réparations nécessaires pour la remettre en état. Nous avions donc assez d'argent pour le voyage. La situation était devenue insoluble… Les jours filaient et j'avais l'impression que je les passais à prier pour qu'une solution émerge qui nous sauverait de la désobéissance à la Voix… Mais rien, aucune réponse à mes demandes, juste un choix à faire, une décision à prendre, que je ne pouvais pas prendre seule. Ce cas de conscience occupa bientôt toutes nos soirées dans des discussions que nous voulions avant tout spirituelles et dans l'amour. J'attirai l'attention de Bruno sur le fait qu'un enfant se faisait à deux, et que je souhaitais qu'il prenne conscience du rôle qu'il aurait à jouer auprès de lui. Ce fut comme s'il se réveillait brusquement. Dès ce moment il changea d'attitude. Du jeune homme insouciant et plein de rêves qu'il était, il devint un homme responsable et se tourna vers moi pour m'épauler dans ce que j'aurai de difficile à traverser et que nous ne savions pas encore… Après de longues réflexions et ne voyant pas d'autre issue à la situation que d'assumer notre engagement jusqu'au bout en partant quand même au Canada, je remis ma confiance entre les Mains divines, sachant que Dieu était tout Amour et que nous aurions protection et miséricorde quoi qu'il arrive…

---

2. J'appris quelques mois plus tard que le prénom *Jonathan* signifie en hébreu : « Dieu a donné. »

Nous sommes donc partis comme prévu. Après un voyage qui me sembla interminable, nous sommes arrivés à l'aéroport de Mirabel en fin d'après-midi, par moins trente degrés, cherchant du regard l'une de nos amies qui devait nous accueillir... Ce fut une femme inconnue qui nous aborda, se référant de Diane qui l'avait envoyée nous chercher: elle se présenta comme étant notre logeuse. Quelque peu déstabilisés par cette réception et la présence d'une personne que nous ne connaissions pas, nous nous adaptâmes à la situation. L'avenir fera de Marie-Andrée, cette femme généreuse et dévouée qui nous accueillit à notre arrivée, une fidèle amie qu'elle reste encore trente ans plus tard.

La suite de l'histoire sera courte car les événements firent que rien ne se passa facilement dès que j'eus mis le pied sur le sol canadien... L'enfant que je portais demandait toutes mes forces pour se développer, et je n'avais pas suffisamment de vitalité pour assumer cette grossesse et travailler en même temps. Au début, j'ai commencé à travailler chez moi, mais très vite je dus abandonner, prise de nausées qui me laissaient sans forces... Je tombai très vite en dépression, pleurant à tout moment, me culpabilisant de n'avoir pas eu le cran d'écouter ce qui m'avait été demandé dans le songe... J'étais partie, et cet enfant allait me quitter comme ceux que j'avais déjà perdus bien des années avant... Et dans un pays étranger, comment allions-nous faire sans couverture médicale si je devais perdre cet enfant? Je me voyais en train de mourir d'une hémorragie dans ce pays que je ne pouvais même pas connaître, incapable de me déplacer... J'étais comme une plante déracinée qui s'étiolait dans une terre qui ne la nourrissait pas, qui ne lui correspondait pas ... et qui lui prenait sa vie et celle de son bébé. Si bien qu'un jour plus difficile que les autres, je dis à Bruno que je capitulais devant les obstacles à notre bonheur. Mon état allait m'amener à mourir prématurément et je lui donnai les consignes pour me faire rapatrier dans ce cas par l'assistance que nous avions souscrite avant de partir. Je le remerciai du bonheur qu'il m'avait donné durant toute une année, mais je ne pouvais plus continuer la route à présent, je sentais que ma vie me quittait avec cet enfant…

Ce fut la première et seule fois où je vis pleurer Bruno… Pleurant avec lui, j'entendis alors une petite voix me secouer à l'intérieur qui me disait : « *Et si tu essayais au moins de te battre pour mériter ce bonheur que ton mari veut t'apporter ?* »… Alors, j'ai réuni mes dernières forces, j'ai demandé conseil à Diane pour savoir ce que je devais faire. Elle m'a envoyée auprès d'une femme gynécologue dont le nom était… docteur Sainte-Marie !… Cette femme a compris tout ce qui m'arrivait en un instant. Avec ce tutoiement familier qu'emploient très facilement tous les Canadiens, elle me dit gentiment : « Tu dois te ressourcer à la France en attendant de pouvoir y retourner dès que tu auras récupéré un peu de ta vitalité. Pour cela, il faut que tu imagines un grand oiseau blanc qui vole dans le ciel de France et qui t'apporte les forces dont tu as besoin. (À cette image, mes larmes se sont mises à couler de nouveau toutes seules, tant me manquait mon pays !) En attendant, je vais te donner deux adresses : la première est celle d'une Amérindienne du nom de Yutika, qui va pratiquer sur toi des séances de shiatsu afin de remettre tes méridiens en bon état de fonctionnement pour que tu puisses repartir. La deuxième est celle d'un couple d'amis dont le mari est un Français d'origine bretonne, qui s'est installé ici et s'est marié à une amie canadienne. Elle saura t'apporter toute l'attention dont tu as besoin dans ton état… Ils ont plein d'enfants et ont le cœur sur la main. Tu y vas de ma part. » Après ces directives données avec le cœur plus qu'avec la science (j'appris par la suite qu'elle aussi était enceinte, pratiquement du même nombre de semaines que moi !), je me sentis un peu ragaillardie… Dès le lendemain, nous prenions rendez-vous avec Yutika.

Yutika ! Cette femme me laissera un souvenir inoubliable jusqu'à la fin de mes jours. Elle m'a reçue à raison de trois séances par semaine jusqu'à me redonner les forces nécessaires pour reprendre pied dans la vie, dans « ma » vie devrais-je dire.

N'ayez plus peur de la mort

La première séance eut lieu dans une salle sobre, presque dépouillée. Un épais tapis était étendu sur le sol, où je dus m'allonger. Bruno assista à son travail. Je lui racontai notre récente arrivée et les raisons pour lesquelles nous étions là. Elle prit soin de moi comme si j'étais quelqu'un de précieux. Elle nous confia qu'elle avait perdu un petit garçon de 9 ans, cinq ans plus tôt, à la suite d'une tumeur au cerveau. Elle nous montra un petit arbre dans un angle de sa salle de soins et nous dit qu'elle l'avait planté là à sa mémoire : c'était encore un peu de sa présence qui l'accompagnait chaque jour... Son histoire m'avait émue aux larmes, moi qui allais être mère, qui me faisais si peu confiance dans ma capacité à donner la vie, et cette femme qui avait vécu un tel drame et qui semblait l'avoir accepté, «parce que tout son amour n'y avait rien pu changer». Ce sont les paroles qu'elle a dites pour me parler de son acceptation du départ de son enfant... Et elle m'encourageait à me faire confiance!

À la seconde séance, elle nous confia qu'après notre départ lors de la première séance, elle était restée longtemps à méditer, sans bouger, dans la pièce où elle m'avait soignée, baignant dans nos énergies à Bruno et moi, parce que nous y avions laissé quelque chose de rare qui l'avait nourrie et rendue heureuse comme il y avait longtemps qu'elle ne l'avait été... Cette femme nous apporta à tous les deux un soutien chaleureux, et sous ses doigts je renaissais littéralement à la vie, séance après séance. Je commençais à sentir en moi cette autre vie que je portais qui déjà se manifestait doucement. Parallèlement, nous avions fait connaissance de la famille canadienne-bretonne que nous avait indiquée la Dre Sainte-Marie. Grâce à eux et à la chaleur de leur amitié, nous avons découvert bien des endroits sympathiques et typiquement canadiens... Tout reprenait sens autour de moi. Je pouvais de nouveau rire, me réjouir d'être entourée de tant de chaleureuse amitié, partager des moments de convivialité, et même échanger de nouveau spirituellement avec cette famille qui partageaient nos convictions. Les semaines passèrent entre ces deux soutiens : Yutika et la famille Férec et leurs quatre beaux enfants échelonnés de 2 à 10 ans…

Nos visas de trois mois prenaient fin le 26 avril et déjà nous recommencions les paquets pour le retour en France, aidés de nos amis et de Marie-Andrée qui avait aussi largement participé à mon bien-être. Elle nous avait facilité la vie par de nombreuses petites ou grandes attentions, y compris celle de nous prêter sa voiture chaque fois que nous avions eu besoin de nous déplacer. Mon envie de vivre revenant, nous avons pu faire auparavant de belles sorties, découvrant de magnifiques endroits. Pâques amena une chaleur inhabituelle à cette époque de l'année, déclenchant la fonte des neiges et des glaces dans les rivières qui sont nombreuses autour de Montréal. Le dimanche de Pâques, nous nous sommes offert une promenade en calèche sous un chaud soleil qui nous autorisa à revêtir des vêtements d'été ! Nous avons visité des îles magnifiques où l'eau des rivières charriait encore d'énormes blocs de glace. La nature était tout en émoi et vibrait du bonheur de repartir pour un nouveau printemps. À la perspective du proche retour en France je me sentais si près de lui ressembler !

Enfin, les derniers jours avant le départ arrivèrent. Nous nous étions fait des amis qui avaient pris soin de nous pour me remettre en bonnes conditions physiques, et ce fut dur de les quitter… Je m'aperçois en écrivant ces lignes que l'émotion de la séparation est toujours là quand je repense à ces moments d'au revoir, partagée que j'étais entre la joie de retourner en France et la tristesse de quitter ces gens si généreux, si précieux ! Marie-Andrée nous promit de venir nous voir en France dès qu'elle le pourrait pour faire la connaissance de Jonathan… ce qu'elle fit quatre ans plus tard.

Yutika m'avait fait promettre de venir faire une dernière séance de shiatsu juste avant de prendre l'avion du retour, de façon à bien supporter le voyage. Nous y allâmes donc comme prévu. Ce jour-là, la séance fut magique ! Yutika déploya des trésors d'énergie pour que je tienne bon durant le voyage. À la fin de la séance, elle me dit qu'elle avait vu danser autour de moi une ronde de petits êtres tout lumineux qui se réjouissaient de l'âme que je portais en moi. « Une âme qui irradiait déjà une énergie blanche magnifique ! » ajouta-t-elle.

C'est sur ces dernières paroles que nous quittâmes le Canada pour retrouver la France et mes racines. Jonathan allait pouvoir naître en France comme cela avait été demandé par La Voix. J'avais reçu son Annonce le 26 décembre, nous étions partis le 26 janvier, et nous revenions trois mois plus tard, le 26 avril ! Quels symboles ! Tout cela conduit par la Dre Sainte-Marie ! Si cela n'est pas protection et miséricorde, alors qu'est-ce d'autre ? Juste la preuve que ce Monde d'ailleurs existe bien, qu'un Au-delà est tout à côté, prêt à nous assister si nous faisons appel à lui, à partir de l'âme et du cœur. Des Êtres invisibles nous aident et nous tendent la main pour nous sortir de toutes nos difficultés. J'avais déjà pu le constater si souvent par le passé et brusquement, me sentant fautive en leur désobéissant, je n'avais même pas demandé l'aide d'En Haut, acceptant de quitter ce Monde terrestre au moment où j'aurais pu être la plus heureuse ! Mais la Source d'Amour infini m'est venue en aide, elle qui crée toujours des ponts entre nous et le Ciel, entre la Lumière et nous, nous permettant de vivre infiniment et pleinement notre existence, nos expériences, dans la conscience que nous accomplissons ce pour quoi nous avons souhaité cheminer une nouvelle fois sur cette Terre…

✳ ✳ ✳

Mais là n'est pas la fin de l'histoire ! Dès le moment où mes pieds touchèrent le sol de France, les nausées et la fatigue disparurent définitivement. Cependant, je déclarai une toxémie gravidique au septième mois de grossesse et je dus être

L'Annonce

surveillée de près en raison d'une hypertension qui ne voulait pas céder. Finalement, je dus être hospitalisée d'urgence, mise sous hypotenseur et sous monitoring pour surveiller le bébé qui ne se nourrissait plus depuis un moment. Il était si petit que la dernière échographie n'avait pas permis de déterminer si c'était une fille ou un garçon. Les battements de cœur de l'enfant étaient très rapides et toute l'équipe des soignants disait que ce serait une fille. J'étais la seule à affirmer que ce serait un garçon. Avant même que la petite pastille bleue du test apparaisse sous mes yeux début janvier, son âme m'avait déjà soufflé son prénom : Jonathan ! C'est lui qui nous avait rapprochés son papa et moi malgré tout ce qui aurait dû nous séparer. C'est lui qui nous avait choisis pour s'incarner dans notre famille. Il ne pouvait en être autrement. Ce ne pouvait donc être que Jonathan, un garçon, notre fils !

Après une semaine de surveillance assidue durant laquelle la tension ne descendait pas suffisamment, le chirurgien décida de pratiquer une césarienne pour mettre au monde ce tout petit bébé qui n'aurait pas eu la force de naître par les voies naturelles. Une dernière échographie avait été prévue juste avant l'opération pour voir comment il était positionné afin d'aller le chercher plus facilement. L'échographie montra qu'il était en position transversale. Il ne serait donc pas facile de le faire venir à la verticale. J'entendis les propos du chirurgien et je lui proposai de le faire tourner pour le mettre en position verticale... Surpris, il me demanda : « Vous pouvez faire ça ? » Eh oui ! Je pouvais le faire ! Nous avions suivi avec Bruno, depuis un mois, des cours d'haptonomie[3] auprès d'une ancienne sage-femme qui s'était spécialisée dans cette méthode

---

3. Frans Veldman est le créateur de l'haptonomie, qu'il dénomme « science de l'affectivité ». Pendant le suivi de la grossesse et l'accouchement, il s'agit de créer un lien affectif entre les parents et l'enfant, en établissant un contact par la peau et le toucher.

de communication avec l'enfant. Nous nous amusions donc tous les jours à communiquer avec notre bébé par les mains. Il suffisait de l'appeler par une pression d'une de nos mains sur mon ventre, à l'endroit où je le sentais, puis à l'appeler à l'endroit où je voulais qu'il soit, pour qu'il comprenne ce que nous lui demandions. Et aussitôt, il s'exécutait. C'était des rires de nous deux à chaque fois et je crois qu'il aimait bien nos rires! Il faut dire qu'il avait de la place pour se mouvoir vu sa petitesse, il bougeait bien et ne s'en privait pas. On aurait dit qu'il attendait ces moments de jeux particuliers que nous avions avec lui! Pour la circonstance de cette échographie, je fis donc les gestes que je connaissais pour l'appeler au bon endroit, il y répondit comme toujours et se mit à la verticale…

Ce jour-là, j'accouchai par césarienne sous péridurale d'un tout petit bout d'homme : il pesait 1,520 kg et mesurait 40 cm. Et il avait à son palmarès trente-deux semaines de dure lutte pour venir en ce monde!

Un peu plus tard, le chirurgien vint me voir dans ma chambre pour se rassurer sur mon état de santé. J'avais dû recevoir trois flacons de sang à la suite d'une hémorragie qui s'était déclarée tout de suite après que Jonathan eut été retiré de son nid maternel. Je grelottais de froid et demandai qu'on m'apporte des couvertures, ce qui fut fait. Assis sur le bord de mon lit, il prit mon pouls en me disant : « Vous êtes-vous rendu compte qu'on a failli vous perdre ? Vous avez été à deux doigts de faire une éclampsie[4]. »

Non, je ne m'étais rendu compte de rien… Si ce n'est de cette Lumière blanche et vive qui était venue m'envelopper de tant

---

4. L'éclampsie est une affection grave survenant généralement en fin de grossesse, caractérisée par des convulsions associées à une hypertension artérielle. Il s'agit d'une urgence vitale pour la femme et l'enfant à naître.

L'Annonce

d'amour tandis que je quittais mon corps après le départ de mon bébé. Mais de cela, je ne lui parlai pas…

Cela étant, notre fils était né ! Une âme forte qui voulait vraiment sa vie. Il resta six semaines en service de néonatologie loin de l'hôpital où il était né, donc loin de moi qui ne pus le suivre avant deux semaines, prise d'une fièvre inexpliquée qui me bloqua à la clinique. Cependant, je désirais plus que tout au monde allaiter mon petit, et le médecin n'y vit aucun inconvénient… J'envoyai donc Bruno chercher en pharmacie le matériel permettant d'obtenir mon lait que, chaque jour, il alla porter à notre bébé qui en était nourri à travers une sonde vingt-quatre heures sur vingt-quatre. Il en profita pour lui faire spontanément des séances d'ostéopathie bioénergétique à travers sa couveuse. Après désinfection, il mettait ses mains à travers les ouvertures et pouvait lui apporter des soins et le toucher, ce qui était aussi important, voire plus ! Le contact d'amour d'un père avec son petit est tout aussi nécessaire que celui de sa mère. Mais peu de pères le font. Il fut un bon papa dès la naissance de notre fils… et continue de l'être !

Je n'ose imaginer ce que cet accouchement aurait été si nous étions restés au Canada, sans couverture médicale ni sociale… La dépression que j'ai faite en arrivant là-bas nous a permis de rencontrer les bonnes personnes aux bons moments, et de revenir rapidement en France, permettant à Jonathan de naître dans ce pays, comme la Voix nous l'avait demandé. Aujourd'hui, j'ai envie de dire : comme Elle nous l'avait *conseillé*, car jamais rien ne nous est imposé. Et si la Lumière sait d'avance vers quelle expérience nous nous dirigeons, elle nous laisse toujours le choix d'utiliser notre libre arbitre, prête néanmoins à nous apporter avec Amour l'aide indispensable pour nous sortir de situations dans lesquelles parfois nous nous fourvoyons. Amour et gratitude envers le Ciel qui nous a permis ce nouveau miracle de donner la vie à cette belle âme !

Les deux pôles de la vie

> « Naissance et Mort sont couple, et non vie et mort.
> Ici l'âme se trompe – lorsqu'elle a peur –
> car la Vie vit éternellement. »
> – Gitta Mallasz, *Dialogues avec l'ange* – E 43

La plupart des individus pensent que la vie et la mort sont les deux pôles de l'existence. Comme si ces deux notions se faisaient face, comme le blanc et le noir, comme le sourire et les larmes, comme le jour et la nuit… Cependant, cette conception est fausse : il y a *la naissance* et la mort, et entre ces deux pôles, il y a la vie.

Dans l'excellent livre *L'Accompagnement de la naissance* de Bernard Montaud[1] on découvre le parcours passionnant du fœtus, de sa conception jusqu'à devenir ce nouveau-né dont

---

1. Bernard Montaud : psychanalyste corporel, ami de Gitta Mallasz qui transmit les *Dialogues avec l'ange*. Il l'a accompagnée durant les derniers quinze jours de sa vie et en fait le récit dans son livre *Le Testament de l'ange* – Albin Michel, 1995.

on croit qu'il est ignorant de ses origines, et que l'on considère comme innocent alors qu'il arrive sur terre « avec une connaissance innée de l'Univers et de ses lois ». Bernard Montaud dit du nouveau-né que c'est « un géant en esprit » alors qu'on le contemple comme un petit corps fragile et qu'on n'accorde aucune attention à la naissance de sa conscience. Certes, il n'a pas encore retrouvé sa *mission* spirituelle, mais il arrive doté du souvenir des plans de Lumière d'où il vient et porte déjà en lui le parcours qu'il est venu faire en ce monde. Car sa véritable nature, comme pour chacun d'entre nous, est de détenir l'étincelle de Lumière avec laquelle il arrive sur Terre en tant qu'esprit. Celui qui n'a jamais plongé son regard dans le regard d'un nouveau-né ne peut pas savoir qui il est ni d'où il vient… Et pourtant tout ce qu'il est, tout ce qu'il sait, est déjà là!

Pour l'âme qui s'incarne, la gestation est l'acceptation difficile d'avoir à quitter les plans supérieurs d'où elle vient, mais elle reste encore en relation avec le Haut, tout en étant déjà en liaison fusionnelle avec la mère. Cela étant, le père aura aussi son importance. Aude Zeller[2], psychogénéalogiste ayant longtemps travaillé aux côtés de Didier Dumas[3] nous apprend que l'âme de l'enfant est déjà dans le « projet-sens[4] » du père neuf mois avant sa conception, dans celui des deux parents durant les neuf mois de sa gestation, et dans l'attachement à sa mère dans les neuf premiers mois de sa vie. Aude Zeller ajoute que cette période de vingt-sept mois (soit les neuf mois d'avant la conception, puis les neuf mois de la gestation et enfin les neuf

---

2. Aude Zeller: auteure du livre *À l'épreuve de la vieillesse* – Éditions Desclée de Brouwer, 2003.
3. Didier Dumas: psychanalyste et écrivain français. Membre de l'École freudienne et proche de Françoise Dolto.
4. Projet-sens: pour toute chose, il existe une phase immatérielle qui précède la phase matérielle. La période qui précède la conception et l'instant *t* de celle-ci est chargée d'éléments signifiants pour le devenir de l'être qui prend corps.

premiers mois de la vie de l'enfant) représente, pour chacun de ces cycles, le projet de l'âme, sa réalisation, et son autonomie. Quant à la naissance, Bernard Montaud nous la décrit comme un réel parcours du combattant que devra faire l'enfant en sept étapes, chacune de ces étapes constituant un risque de se retrouver sept fois en danger de mort imminente pour le corps physique. Une fois arrivé au terme de son voyage intra-utérin, alors que la place pour se mouvoir se réduit de plus en plus, l'instinct typiquement animal fuyant le danger va déclencher les premières contractions qui aboutiront à l'expulsion de l'enfant. On peut donc comprendre qu'il faut une bonne dose de courage et de force à l'âme pour naître.

Dans le cas d'urgence où la vie de la mère et de l'enfant sont en jeu et où il faut pratiquer une césarienne, le psychanalyste B. Montaud nous informe que l'intervention supprime les trois dernières étapes de la naissance qui sont les plus délicates et qui demandent le plus de force à l'enfant pour venir au monde. Si rien n'est fait par la suite pour rétablir ces trois étapes (on les appelle les étapes «archaïques»), ce manque d'effort marquera la vie de l'enfant, de l'adolescent et même de l'adulte qu'il deviendra, en ce sens qu'il aura toujours des difficultés à s'impliquer de lui-même dans la vie: il faudra toujours aller le chercher pour qu'il puisse faire l'effort d'agir dans la bonne direction.

Tout ce que j'ai appris concernant la naissance d'une âme sur Terre à travers le corps physique d'un bébé, je ne le savais pas lorsque j'attendais Jonathan. Mais, au moment où je me suis formée à la Communication profonde, j'ai eu la grande chance de rencontrer sur ma route Marie-Claude Maisonneuve[5],

---

5. Marie-Claude Maisonneuve: auteure du livre *Maman, papa, j'y arrive pas!* – Éditions Quintessence, 2008.

neuro-physiothérapeute, alors que Jonathan avait déjà 16 ans. Même à cet âge-là, elle a permis que les étapes manquantes de sa naissance soient rattrapées par des pratiques bien spécifiques que Bruno et moi avons effectuées avec notre fils durant toute une année. Je me souviens que la toute dernière étape, celle qui concerne le moment où l'enfant, après rotation de sa tête, sort du ventre de sa mère, fut « réinitialisée » dans la psyché de Jonathan de la façon suivante.

Il devait se mettre en tailleur sur le siège tournant de mon bureau, les yeux fermés. Le processus était programmé sur quatre semaines. La première semaine, chaque soir avant d'aller dormir, je devais lui faire faire un quart de tour sur mon fauteuil en 15 secondes. Chaque soir de la deuxième semaine, toujours les yeux fermés, je devais lui faire faire un demi-tour en 30 secondes. La troisième semaine, ce fut trois quarts de tour en 45 secondes, et enfin la quatrième semaine, ce fut un tour complet en une minute. En faisant cet exercice, on s'aperçoit combien le mouvement est lent, surtout pour la dernière étape : une minute entière pour faire faire un tour complet à un siège tournant, c'est vraiment très très lent. Et pourtant Jonathan me disait chaque fois qu'il avait l'impression qu'il allait très vite, de plus en plus vite.

Ce travail de « remise en état de naissance » lui a permis de rattraper son retard concernant les étapes manquées de sa venue au monde, afin qu'il soit capable ensuite d'entrer courageusement dans sa vie d'homme.

Tout ceci pour expliquer combien l'âme qui choisit de naître, de s'incarner dans ce corps humain si « étroit » pour pouvoir y vivre et y évoluer, rencontre des difficultés majeures tout au long de la gestation, sans parler de la souffrance même que représente la séparation forcée d'avec sa mère. Il quitte le chaud des eaux matricielles pour arriver dans l'air froid et aseptisé d'une clinique ou d'un hôpital, accueilli par des mains

Les deux pôles de la vie

étrangères qui le saisissent sans savoir que dans ce petit corps il y a un esprit, une âme qui a accepté de venir participer à l'évolution du Monde…

Au regard de cette souffrance de la naissance, combien il devrait nous sembler plus facile de mourir ! Mourir c'est se laisser aller sur le chemin inverse, le chemin du retour vers la Lumière d'Amour que nous avons quitté le temps d'une vie où nous avons appris combien il était difficile et douloureux de suivre le parcours qu'on s'était choisi. Avec douceur, suivre le fleuve qui emporte l'âme vers son origine, glisser dans le courant chaud de cette Lumière qui nous aspire et nous enveloppe pour ne faire plus qu'un avec cet Amour que nous retrouvons et qui nous avait tant manqué.

J'ai eu par deux fois l'occasion de contacter cette Lumière. La première fois ce fut lors de la naissance de Jonathan, après qu'il eut été « cueilli » de mon ventre comme on cueille une fleur… Je me souviens du chirurgien qui coupa son cordon d'avec moi, je me souviens aussi qu'il n'eut pas un cri, juste un petit vagissement qui me rassura sur sa vie, et un geste de son minuscule bras, comme une aile d'oisillon qui aurait voulu tenter un premier envol… Un linge chaud l'a accueilli immédiatement et l'assistante sage-femme l'emmena très vite à la pesée et aux premiers soins avant de procéder aux tests indispensables pour les nourrissons prématurés. Ensuite, elle est revenue vers moi et a posé mon minuscule bébé dans mon cou en me disant : « Il est tout bien fini ! » Je lui souris pour ces paroles réconfortantes. La paume de ma main recouvrait complètement son petit torse et je le cajolai tout en lui transmettant autant de force et d'amour que je le pouvais, sachant qu'on allait être séparés dans le quart d'heure qui suivrait. Ce quart d'heure a duré une minute ou une seconde, j'étais déjà hors du temps…

À peine mon petit retiré de mes mains, je sentis une douce attirance en arrière de ma tête, tandis qu'une lumière m'aspirait vers une destination inconnue… Je me laissai aller, ne pouvant rien contre cette sensation d'amour dans laquelle je coulais. J'entendis au loin des phrases d'affolement : « Vite ! passe-moi l'aspirateur, je ne peux plus étancher... »

Je me réveillai dans une autre chambre que celle que j'avais quittée avant la césarienne. Les parents de mon mari étaient là. Ils m'indiquèrent que Bruno avait dû suivre notre bébé avec l'ambulance qui l'avait conduit à l'hôpital du Bois d'Amour où se trouvait le service de néonatologie. J'ai souri à ce nom : « hôpital du Bois d'Amour » ! Cela me rassurait et je me disais que c'était encore un clin d'œil du Ciel d'avoir choisi un pareil établissement pour aider Jonathan à survivre...

Après que le chirurgien qui avait pratiqué la césarienne fut passé et m'eut annoncé que j'avais bien failli « partir », je tentai de me remémorer la douceur de cette Lumière qui m'aspirait et vers laquelle il était si bon de s'abandonner.

Avec le recul, je me dis que si la mort c'est cette coulée dans la Lumière qui nous aspire avec autant d'Amour, alors, il est bien plus facile de mourir que de naître... Alors pourquoi en avoir si peur ?

Néanmoins, je remerciai le Ciel de m'avoir gardée en vie pour pouvoir élever notre fils. À présent, c'était à moi de me battre pour me rétablir le plus vite possible et pouvoir le revoir. Je dus encore attendre deux semaines avant de pouvoir sortir et le retrouver. Il avait tellement changé depuis le souvenir que j'en avais lors de sa naissance ! Je crus qu'on me l'avait changé et je pleurai de ne pas le reconnaître ! Heureusement, Bruno qui allait le voir tous les jours pour lui porter mon lait, me garantit que c'était bien notre bébé ! Lui avait eu la chance de le voir se transformer au fil des jours. Il fallut encore un peu de temps avant que je puisse le prendre dans mes bras, car il était encore en milieu stérile. Puis le jour vint où enfin je pus l'avoir de nouveau contre moi... Je lui donnai son premier repas maternel « en direct » et, à l'étonnement des puéricultrices, il sut prendre le sein sans aucune difficulté, ce qui semblait un fait suffisamment rare pour que les soignantes en soient émerveillées. L'appel de la vie avait gagné, pour lui et pour moi, rien d'autre ne comptait que ce moment présent où l'enfant courait dans le jardin des rêves en se nourrissant du sein de sa mère…

**

Ma deuxième expérience eut lieu quinze ans plus tard.

Nous sommes en septembre, huit jours avant mon soixantième anniversaire. À cette époque, nous habitions encore près de Montargis dans le Loiret, mais nous étions en instance de déménagement pour aller nous installer dans notre toute nouvelle maison près de Nemours. Elle serait terminée début décembre et nous étions déjà dans les premiers préparatifs : des cartons à remplir, du tri à faire…

Jonathan venait d'avoir 15 ans. Il était 11 heures du soir et nous nous préparions Bruno et moi à aller nous coucher. J'éprouvai brusquement un mal-être que je n'avais jamais ressenti auparavant. Une sorte d'angoisse non justifiée qui se situait au niveau de la poitrine. Puis cela disparut comme c'était venu et je n'en parlai même pas à mon mari. À peine dix minutes plus tard, cette même angoisse réapparut, bien plus forte que la première fois et là je compris très vite que j'étais en train d'avoir un gros problème au niveau du cœur. Cette fois j'informai Bruno de mon malaise et lui demandai d'appeler le médecin de notre village au cas où il serait de garde. J'ajoutai qu'il fallait qu'il apporte de la Trinitrine car j'avais le souvenir de ma grand-mère paternelle qui avait connu ce même genre de malaise à la fin de sa vie. Elle faisait de l'angine de poitrine et prenait ce remède. Il appela le médecin mais ce fut le répondeur téléphonique qui prit le message : il n'était pas de garde… Bruno appela donc le Samu dans la foulée. La résidence où nous habitions était loin de tout, construite dans un espace forestier qui avait été déboisé par endroits pour y construire des habitations. Trouver notre maison dans toutes ces résidences n'allait pas être facile pour les secours, d'autant qu'il n'y avait plus à cette heure d'éclairage public. Cette pensée me traversa l'esprit l'espace d'une minute, mais pas une seconde je n'ai eu l'idée que j'étais en danger de mort. La douleur progressait, me paralysant petit à petit la mâchoire et le bras gauche... Je tentais de respirer le plus régulièrement possible. Bruno s'était empressé de m'allonger sur notre lit. Et je perdis conscience. Je me suis sentie aspirée dans une sorte de tunnel noir qui m'emportait sans que je puisse y résister...

Ce fut un vomissement qui me ramena à moi violemment! Que se passait-il? Notre chambre était remplie de monde... J'entendis dans un brouillard le mot « infarctus ». On s'affairait tout autour de moi avec des appareils, les ordres fusaient de tous côtés, on me faisait des piqûres, une machine qui me semblait énorme, à côté du lit, était reliée à mon cœur et à mon corps par des fils entremêlés. Je me sentais comme « loin de moi », sans force, vidée de ma substance, avec toujours cette douleur paralysante qui était bien là... Je me souviens avoir été étonnée en distinguant le médecin du village parmi l'équipe médicale et les ambulanciers. Il avait dû entendre l'appel sur le répondeur et était venu quand même... J'entendis qu'il fallait me faire sortir en brancard par la fenêtre pour aller au plus vite. Un hélicoptère attendait déjà sur l'aire de l'hôpital de Montargis, et le centre cardiologique de l'hôpital d'Orléans était prévenu de mon arrivée imminente.

Au moment de me placer dans l'ambulance, Jonathan vint près de moi et me serra la main très fort en me disant « je suis là ». Je tentai un sourire et je me souviens avoir eu cette pensée: « *Il est grand maintenant. Son papa pourra prendre le relais si je dois partir...* »

On me mit dans l'ambulance. C'est à ce moment-là que je retrouvai cette Lumière blanche, douce et apaisante, que j'avais déjà connue à sa naissance. Je laissai ma tête partir en arrière… J'étais comme aspirée… La douleur s'estompa… C'était si simple et si facile de se laisser glisser dans cette Lumière qui ressemblait à de l'Amour *vivant*… J'entendis comme dans du coton : « Elle nous lâche ! vite, il faut refaire une piqûre. » Puis je ne sentis plus rien et me laissai aller…

Je me souviens, comme dans une sorte de brouillard, avoir été attachée sur une civière, placée rapidement dans ce que je compris être l'hélicoptère, puis débarquée et emmenée très vite au centre cardiologique de l'hôpital. Le médecin chef du service était déjà devant l'appareil d'échographie et donnait ses ordres pour que les infirmières préparent un lit en salle de réanimation. L'examen ne laissait aucun doute sur le diagnostic : j'avais fait un infarctus. Je me souviens d'une grande pendule dans la salle d'échographie. Machinalement je notai l'heure : 4 heures du matin… La vie était donc toujours bien là !

Après quatre jours sous haute surveillance, entourée d'appareils qui bipaient à longueur de temps, le cardiologue, après nouvel examen et cœlioscopie, décida de poser trois stents[6] sur les deux artères endommagées de mon cœur.

La veille de l'opération, on me transféra de la réanimation à une chambre normale. Je fus installée avec une femme qui partait le lendemain matin. Il était déjà assez tard pour que les infirmières de nuit aient pris le relais des équipes de jour et tout était calme dans les couloirs. Je n'avais pas le droit de me lever ni de faire le moindre effort et j'étais tenue de rester allongée sur le dos. Au bout d'un moment, je sentis l'odeur d'une cigarette arrivant jusqu'à mon lit. Je demandai à ma voisine si ça ne la dérangeait pas d'aller fermer la porte de la chambre car,

---

6. Stent (ou ressort) : dispositif médical métallique utilisé pour maintenir ouverte une cavité de l'organisme.

vraisemblablement, quelqu'un fumait à l'extérieur. Elle me répondit que ce n'était pas possible, que c'était un hôpital sans tabac et que les personnes sortaient à l'extérieur quand elles voulaient fumer. Par acquit de conscience elle se leva quand même, alla inspecter les couloirs et revint en fermant la porte tout en me disant que personne ne fumait et qu'elle-même ne sentait rien. Je n'insistai donc pas. Cependant l'odeur de cigarette était encore là, bien présente. Une odeur de tabac brun que je connaissais : celle des cigarettes de mon père ! Alors je compris : c'était lui qui venait me dire qu'il était là avec moi, que je ne serai pas seule dans ce que j'aurais à vivre le lendemain ! Je lui envoyai une grande onde d'amour et le remerciai de ce signe de sa présence. Peu à peu, l'odeur de cigarette de mon père s'évanouit et je m'endormis, confiante.

Le lendemain matin, les infirmières arrivèrent pour me préparer. Elles étaient particulièrement gentilles et attentives avec moi pour me manipuler doucement ! L'une d'entre elles – qui avait manifestement assisté à la nuit de mon arrivée – s'adressa à moi et me dit : « C'est donc vous qui êtes arrivée en hélicoptère il y a quelques jours ? Nous avons été très étonnés de votre calme lorsqu'on vous a installé sur la table d'échographie. Généralement, les personnes qui ont fait une crise cardiaque sont très anxieuses et nerveuses parce qu'elles ont peur de mourir. Vous, vous étiez tranquille, paisible, pas le moindre énervement ! Comment cela se fait-il ? » Je leur ai juste dit que je croyais à la survie de l'âme après la mort, que c'était le but de l'association d'accompagnement au deuil que nous animions avec mon mari. Alors, si je n'avais pas été capable de vivre sereinement ma possible mort, c'eût été un comble !...

Je rentrai chez moi la veille de mon anniversaire. Entourée de ma famille, je pus reprendre pied dans ma vie, toutefois avec ménagement, car je me sentais encore faible. Mais avec l'amour des miens, je savais que tout irait chaque jour de mieux en mieux. Je pensais aussi que cet épisode devait avoir un sens.

Si j'étais encore là, c'est que j'avais de bonnes raisons de l'être. Ma mère devait encore être entourée, elle était en maison médicalisée depuis un an et avait besoin de ma présence pour l'accompagner jusqu'au bout de sa route. J'avais encore des choses à lui dire pour qu'elle n'ait pas peur de ce passage. Âgée de 86 ans, ne marchant plus depuis de nombreux mois, elle ne pouvait plus respirer normalement sans être maintenant reliée à une bouteille d'oxygène qui était fixée à son fauteuil roulant toute la journée durant… Cette situation ne pourrait pas durer très longtemps.

Elle partit effectivement huit mois plus tard, en mai de l'année suivant cet accident cardiaque. Ce fut encore une grande expérience que je vécus dans cet accompagnement de la fin de vie de ma mère. Ou plutôt c'est elle qui me donna une grande leçon de courage face à sa mort. Elle fut pour moi un exemple d'acceptation et de lâcher-prise face à ce que personne ne pouvait plus changer : le moment de son départ *qu'elle savait arrivé…*

J'en garde un souvenir ému et reconnaissant vis-à-vis de cette maman qui a fait comme elle a pu pour élever ses quatre enfants le mieux possible et avec autant d'amour qu'elle a pu en donner, sans savoir tout à fait elle-même ce que c'était… Je crois malgré tout qu'elle l'a compris avant de quitter cette Terre.

Un mois auparavant, j'avais « rencontré » le livre d'Anne-Marguerite Vexiau, *Un clavier pour tout dire*, qui révélait cette merveilleuse méthode qu'était la psychophanie. Un mois plus tard, je commençais sa formation.

Une page se tournait, une nouvelle activité commençait pour moi, activité qui allait m'emmener là où je n'aurais jamais pensé arriver. Malgré toutes les difficultés traversées, la vie était belle et je continuai à la savourer avec bonheur !

Naître au Ciel

«J'ai le secret. Je tiens le secret au bout des doigts
comme on tient un papillon fragile entre deux doigts pincés.
Il ne faut surtout pas serrer, pas appuyer, pas en dire trop.
Le secret c'est que le cœur de ceux qui meurent explose de joie.»
– Christian Bobin – *Carnet du soleil*

De nos jours, l'accompagnement aux mourants est devenu une pratique courante, humaine et bienveillante, notamment dans les unités de soins palliatifs qui permettent, par des traitements contre la douleur, d'amoindrir les souffrances du malade qui se sait condamné à une mort prochaine. L'idéal serait bien sûr que le personnel soignant soit également formé spirituellement afin de savoir dans quelle phase le malade se trouve afin de pouvoir mieux envisager son départ, le rassurer et l'aider à lâcher prise pour que cette naissance dans l'au-delà se déroule dans la paix et la sérénité. Cela faciliterait grandement son passage même si le malade n'a aucune conviction en ce qui concerne la survie de l'âme après la mort. D'ailleurs, même dans ce cas, cela lui serait utile dans la mesure où, au moment de quitter ce monde, l'âme peut encore s'éveiller et reconnaître ses erreurs. Car jusqu'à la dernière minute, la prise de conscience peut se faire pour l'être humain qui est de bon vouloir... Pour cela, il faudrait qu'un grand pas soit fait dans l'évolution générale des consciences. Et si ce n'est pas possible dans un cadre aussi « aseptisé » que l'hôpital, peut-être serait-il plus envisageable que les personnes s'occupant de la fin de vie puissent s'ouvrir à ces enseignements concernant la Vie après la vie... Mais cela est bien sûr une démarche qui ne peut se faire qu'individuellement et de façon volontaire.

J'ai accompagné ma mère durant les huit dernières années de sa vie : durant six ans dans notre foyer, puis deux ans en maison médicalisée après qu'elle eut fait un AVC[1] et qu'elle se fut rompu le fémur en se levant seule de son lit. À cette époque, ma mère avait déjà la vision sur le premier plan du monde astral, car elle me décrivait des personnages qui se trouvaient dans sa chambre d'une façon si précise que je ne pouvais en aucun cas croire qu'elle avait des hallucinations. D'ailleurs, elle me demandait de m'adresser à ces personnes afin qu'elles cessent de l'importuner, ce que je faisais, et l'instant d'après elle me disait que la personne en question était enfin partie. Cette vue sur l'« après-vie » est si peu prise au sérieux par le personnel médical qu'on a vite fait de croire que la personne âgée perd la tête ou « devient Alzheimer », ce qui n'a rien à voir avec cette maladie.

Curieusement, c'est après avoir été opérée du fémur qu'elle a retrouvé un meilleur équilibre mental, cessant de voir les âmes du monde astral et retrouvant le goût de vivre. Ayant dû séjourner en maison de repos pour se rééduquer à la marche et s'assurer un suivi médical, elle accepta de rester dans cet établissement, récemment ouvert, situé non loin d'où nous

---

1. AVC : Accident vasculaire cérébral altérant les facultés du cerveau.

habitions. J'en fus soulagée d'autant plus que ma santé avait été durement éprouvée par l'opération récente d'un mélanome malin au genou droit qui me demandait aussi des soins et un régime alimentaire particulier. Il devenait donc difficile de prendre soin de ma mère qui ne marchait plus qu'avec un déambulateur et encore avec beaucoup de difficulté. Nous étions convenues toutes les deux que je viendrais la voir un jour sur deux, lui apportant tout ce dont elle aurait besoin, ce qu'elle trouva parfait. Nous avions choisi sa chambre à l'extrémité d'un couloir où elle ne serait pas dérangée par des allées et venues d'autres personnes devant sa porte. Juste en face de sa chambre se trouvait un petit salon d'accueil où nous pouvions nous retrouver pour le goûter lorsque je venais. Se retrouvant dans un lieu qui lui plaisait, elle faisait preuve d'un regain d'énergie qui me rassurait également. Dès lors, nous avions des conversations particulièrement sérieuses sur le plan spirituel. Ma mère était profondément croyante et lisait chaque matin sa *Rosée du ciel*, un livre perpétuel qui contenait un texte pour chaque jour durant les 365 jours de l'année. Elle faisait partie d'un mouvement spirituel apparenté aux Témoins de Jéhovah, ce qui très jeune m'avait opposée à elle car je voyais bien les dérives sectaires dans lesquelles elle se trouvait sans s'en rendre compte. Devenue adulte, nos convictions n'étaient toujours pas les mêmes, mais je respectais les siennes autant qu'elle respectait les miennes. Nos échanges nous étonnaient l'une l'autre, et ce qu'elle découvrait de mes connaissances lui faisait dire « tu sais, ma fille, je crois qu'on n'est pas au bout de nos découvertes ! »

Du temps où elle vivait encore à la maison, elle arrivait certains matins au petit déjeuner en me disant d'une voix tremblante : « J'ai encore fait des cauchemars cette nuit ! J'ai rêvé que j'étais morte ! J'avais un gros crucifix planté dans ma poitrine… C'était terrible ! » Et elle se mettait souvent à pleurer à l'idée de sa mort… Je la rassurais comme je le pouvais en lui disant que tout cela ne représentait que ses propres peurs de la mort, mais que ce ne serait en rien la réalité. Je lui fis donc une nouvelle description de ce qu'était la mort, à la mesure de sa compréhension. Car ma mère, d'origine polonaise, n'avait pas reçu beaucoup d'instruction en arrivant en France à l'âge de 7 ans, sans savoir parler un mot de français. Elle était allée à l'école juste le temps d'apprendre à lire et à écrire. Ensuite, elle avait dû élever les petits frères et sœurs qui étaient arrivés très nombreux après elle.

Comme je l'aurais fait pour un enfant, je lui expliquais que la mort n'était qu'un changement d'état dans lequel notre âme devenait invisible aux yeux des autres, que nous continuions à vivre dans un autre monde, une autre vie où il n'y avait plus d'espace-temps et qu'elle pourrait encore nous voir alors que nous ne le pourrions plus. Je lui dis aussi qu'elle verrait une belle lumière et qu'il faudrait qu'elle se dirige vers elle. Me regardant de façon dubitative, elle me disait que ce n'était pas ça, qu'on allait dormir sans voir le temps passer et que nous nous réveillerions au jour du Jugement dernier « pour la résurrection des vivants et des morts ! D'ailleurs, ne mets pas une pierre tombale trop lourde sur mon cercueil pour que je puisse arriver à la soulever ! » Je ne pus m'empêcher de sourire tout en priant intérieurement pour que cette peur de la mort ne la poursuive pas avec de pareilles inepties.

Je n'eus pas longtemps à attendre pour que ma prière soit exaucée. Quelques mois plus tard, alors que nous étions toutes deux en train de déjeuner à midi, elle me dit d'une façon plutôt dégagée : « Au fait, j'ai oublié de te dire ce matin que j'ai encore rêvé de ma mort cette nuit. » Mon étonnement à ces mots sur lesquels je ne la voyais pas pleurer lui permit de continuer avec bonne humeur : « Oui et c'était amusant : je me voyais debout à côté de mon corps qui lui était allongé sur mon lit. J'avais une longue robe gris pâle et je savais que j'étais morte car mon corps ne respirait plus. Je vous voyais, Jonathan, Bruno et toi à travers le mur continuer de vivre comme si de rien n'était. Je pouvais vous parler mais vous ne m'entendiez pas ! Et puis le rêve s'est arrêté là. » Je n'en revenais pas ! J'étais si heureuse qu'elle ait pu « vivre » cela en rêve pour qu'elle puisse enfin comprendre ce qu'était la mort et lui enlever sa peur !

Je lui exprimai ma joie en lui disant : « C'est exactement cela ! C'est ça mourir : c'est quitter son corps physique pour revêtir un nouveau vêtement qui est celui de ton âme ! Après tu n'as plus qu'à quitter la Terre pour chercher la Lumière, et cela, tu sauras parfaitement bien le faire. »

Jamais plus, après cela, ma mère ne me reparla de sa mort ni de cauchemars faits sur ce sujet…

Elle resta donc un peu plus de deux ans dans cette maison avant de s'envoler… Les derniers mois furent difficiles pour elle car son insuffisance cardiaque et ses difficultés respiratoires l'obligeaient à s'alimenter en oxygène de plus en plus longtemps dans la journée, jusqu'à ce que l'appareil soit fixé à longueur de temps sur son fauteuil roulant.

Son passage dans l'au-delà fut pour moi une grande leçon de vie et de courage. Je pus l'accompagner jusqu'après le moment de sa mort en *la suivant* et l'encourageant par mes prières, en lui parlant dans mon cœur, lui expliquant ce qu'elle était en train de vivre : son trépas, ce passage de l'âme quittant son *corps de matière* pour vivre différemment dans le monde de « l'astral », dans son être non plus « physique » mais *métaphysique*, cet état originel qui préexiste déjà bien avant notre naissance sur Terre.

Les larmes que son départ génère encore en moi, quatorze ans après, au souvenir de ces derniers instants, ne sont dues qu'à l'émotion si fortement vécue dans l'accompagnement à la « naissance au Ciel » de ma mère, tant furent puissantes ces vagues spirituelles qui emmenèrent nos deux âmes ensemble jusque dans la Lumière.

N'ayez plus peur de la mort

Notre histoire cependant ne se termine pas vraiment là car, après son départ, ma mère se manifesta à moi à plusieurs occasions.

Juste après son décès, j'avais dû faire le nécessaire pour déclarer son décès auprès de la mairie et je devais avoir sa carte d'identité pour faire les choses en règle. Je l'avais cherchée partout, dans ses affaires personnelles autant que dans les placards de sa chambre, mais je n'avais rien trouvé. Le soir même, au moment de me coucher, épuisée à la fois par les émotions vécues du matin et les démarches administratives et familiales qui me revenaient, je lui demandai par la pensée où elle avait bien pu mettre sa carte d'identité. J'entendis sa réponse de la même façon, dans ma pensée, donc par télépathie : « Cherche dans mes papiers médicaux », me précisa-t-elle ! Trop fatiguée pour me relever je la remerciai et le lendemain, ce fut la première chose que je fis : je trouvai effectivement la carte d'identité de ma mère dans son dossier médical !

Puis vint le jour de ses obsèques. Ce ne fut pas un jour facile car l'émotion de l'entourage est à gérer en plus du chagrin de la séparation qu'il ne faut pas nier. Cette émotion fait de nous des « êtres humains » et il n'y a aucun jugement à avoir sur le fait de pleurer un être cher au moment de le quitter dans cette vie. Jésus lui-même nous en donne l'exemple lors de la mort de son ami Lazare.

« Marie arriva à l'endroit où se trouvait Jésus. Dès qu'elle le vit, elle se jeta à ses pieds et lui dit : "Seigneur, si tu avais été ici, mon frère ne serait pas mort." Quand il vit qu'elle pleurait, et que les Juifs venus avec elle pleuraient aussi, Jésus, en son esprit, fut saisi d'émotion, il fut bouleversé et il demanda : "Où l'avez-vous déposé ?" Ils lui répondirent : "Seigneur, viens, et vois." Alors Jésus se mit à pleurer. Les Juifs disaient : "Voyez comme il l'aimait !" (Jn 11:32 à 36) »

Le jour de l'inhumation de ma mère, trente-cinq personnes de notre famille et de nos amis se sont réunies autour d'elle. Après la cérémonie des obsèques, j'avais organisé un buffet froid compte tenu de l'air printanier qui avait accompagné l'âme de ma mère durant toute cette journée, comme elle l'avait toujours souhaité. Ce fut donc une belle journée dont elle dut se réjouir car elle avait toujours apprécié ces grandes réunions de famille autour d'elle et je ne manquais pas de lui en faire profiter à chaque occasion d'anniversaires ou des fêtes de Noël. Après une telle journée forte en émotions en tous genres, allant de la peine de son départ à la joie de retrouver ceux résidant trop loin pour les voir aussi souvent qu'on le souhaiterait, je vis partir le dernier invité avec soulagement et j'allai rejoindre la chambre à coucher où Bruno m'avait devancée. Je me couchai non sans avoir remercié le Ciel pour cette journée particulière où tout s'était passé pour le mieux, et je tombai très vite dans cet état intermédiaire des « ondes alpha » qui n'est pas encore le sommeil profond mais qui est en lien vibratoire avec les tout premiers plans de l'astral proches de la Terre. J'eus conscience qu'on mettait une main dans la mienne avec tendresse et je crus que c'était mon mari qui venait me réconforter après cette dure journée. Cela me réveilla suffisamment pour m'apercevoir que mon cher mari me tournait le dos et qu'il ne pouvait pas être à l'origine de ce signe d'affection. Dans le même temps, la sensation de cette main dans ma main s'était estompée. Je n'eus aucun doute pour comprendre que maman était venue me voir, répétant ce geste si souvent accompli lorsque, les tout derniers temps, j'allais la voir et que, alors qu'elle ne quittait plus son lit, nous bavardions main dans la main de tout et de rien…

Novembre arriva. Six mois étaient passés depuis son décès.
Une de mes grandes amies avait écrit quelques années auparavant un livre sur la mort de son père et, travaillant dans le milieu du cinéma, on lui avait proposé de tourner un film dont la trame serait son histoire. Ce film était donc sorti depuis peu et passait dans une salle de cinéma de notre ville. Nous n'étions pas coutumiers de sorties le soir mais ne voulant pas manquer

N'ayez plus peur de la mort

l'occasion d'aller voir ce film qui nous tenait à cœur, nous sommes allés à la séance de 21 heures. Nous en sortîmes une heure et demie plus tard, un peu déçus car nous connaissions la véritable histoire de notre amie qui avait peu à voir avec celle du film. Nous sommes donc rentrés à la maison et quelle fut notre surprise, lorsque nous sommes arrivés devant chez nous, de nous apercevoir que le n° 5 de l'impasse où nous habitions, petite plaque en émail accrochée à la grille d'entrée, ne tenait plus que par une seule attache au lieu des quatre par lesquelles Bruno l'avait fixée depuis plus d'un an. Or, une Impasse qui donne sur les champs et les bois environnants n'est pas particulièrement fréquentée dans un petit hameau où personne n'aurait l'idée de se promener, en pleine nuit, au mois de novembre ! Qui plus est : la personne qui se serait amusée à couper trois fixations sur quatre aurait dû posséder de puissants ciseaux, voire une pince coupante pour le faire… J'eus tout de suite la vision de ma mère utilisant ces « pouvoirs magiques » qu'ont souvent nos défunts lorsqu'ils veulent se manifester après leur passage dans l'au-delà ! Je réfléchis que nous étions le 5 novembre, soit juste six mois après le 5 mai, date de sa mort, et qu'elle était peut-être venue nous faire un petit coucou… supposition qui s'avéra très vite justifiée par mon agenda qui me fit voir que ce 5 novembre était la Sainte-Sylvie, jour de sa fête ! Et la cerise sur le gâteau fut la corrélation avec le titre du film que nous étions allés voir ce soir-là : *Le Dernier Signe*[2] !

J'ai remercié maman de ce signe qu'elle nous avait fait ce jour-là, ou plutôt cette nuit-là. Mais je lui ai demandé aussi de remonter maintenant à cet endroit de l'Au-delà où elle était attendue et où elle avait encore beaucoup à apprendre. Elle a dû m'écouter car elle ne s'est plus manifestée ensuite. Peut-être

---

2. *Le Dernier Signe* : film tiré du livre d'Anne Ray-Wendling *Un soleil trop tard*, réalisé par Douglas Law, avec Andie MacDowell et Samuel Le Bihan, dont le sujet est la manifestation *post mortem* d'un homme décédé récemment.

est-elle un peu présente en ce moment où je parle encore d'elle ? Je la ressens, je le sais, mais elle n'a plus rien à me prouver qu'à m'inspirer encore de l'amour et toujours de l'amour, elle qui en a si peu reçu dans son enfance qu'elle ne savait pas comment en donner… Aujourd'hui, je sais qu'elle est enfin comblée !

Il est avéré que les personnes défuntes avec lesquelles nous avons eu des liens d'amour profonds peuvent manifester leur présence près de nous de différentes façons. Nous avons vu précédemment l'exemple de Jeanine auprès de son amie habitant Gap. Il n'est pas rare de voir aussi des manifestations électriques, des lumières qui s'allument et s'éteignent plusieurs fois de suite, ou des coups frappés dans les murs ou dans les meubles. Des odeurs également, telle que celle de la cigarette de mon père à l'hôpital où je devais me faire opérer après ma crise cardiaque. J'ai également entendu l'horloge de notre salle de séjour, muette depuis plusieurs années, sonner deux fois de suite au moment où je pensais fortement et avec tendresse à l'une de mes tantes (sœur de mon père) qui avait beaucoup compté pour moi. Jamais plus l'horloge n'a sonné de nouveau ! Il arrive aussi que des cadres contenant les photos de défunts tombent brusquement du mur où ils étaient accrochés. Et il y a même eu des témoignages d'appels téléphoniques dont la provenance venait de leur ancien numéro d'appel alors que la ligne avait été coupée depuis de nombreux mois. Car ils peuvent se manifester à travers différents « supports » afin de nous dire qu'ils sont « toujours vivants ». La preuve la plus « scientifiquement reconnue » de ces manifestations est sans aucun doute la TransCommunication Instrumentale dont le père François Brune[3] a été l'un des pionniers. C'est Friedrich

---

3. François Brune : prêtre catholique français. Il est l'auteur du best-seller *Les morts nous parlent* – Éditions Le Félin, 1993 –, ainsi que de nombreux ouvrages concernant la théologie, la spiritualité, la vie après la mort et le paranormal en rapport avec la foi catholique.

Jürgenson, producteur de cinéma suédois, qui en fit la découverte *par hasard* en 1959, lors d'un enregistrement d'oiseaux en forêt. Repassant sa bande magnétique, quelle ne fut sa surprise d'entendre des voix suédoises enregistrées, interférant sur l'enregistrement ! Il continua les essais chez lui et capta d'autres voix, dont celle de sa mère. Il reçut l'appui du parapsychologue Hans Bender qui se déclara en faveur d'une origine paranormale.

C'est en 1967 qu'il publiera un livre qui enseignera à des millions de personnes la manière de pratiquer les enregistrements de voix. À partir de 1970, Jürgenson fera des conférences dans tous les pays d'Europe et en Amérique, pour finir par l'élaboration d'un film retraçant sa vie et surtout ses recherches. Il en fait une sorte de testament, et décédera en octobre 1987.

L'association Infinitude, créée en 1992 par Jacques et Monique Blanc-Garin, a été depuis vingt-cinq ans porteuse d'espoir auprès des personnes endeuillées, grâce à la TransCommunication Instrumentale. Leurs livres *En communion avec nos défunts* et *L'Infinitude de la vie* relatent leur histoire, leurs expériences, et témoignent des innombrables messages reçus au moyen d'enregistrements de voix sur bande magnétique. Des groupes de recherches sur cette technique d'enregistrement se sont d'ailleurs créés en Europe (en Italie, en Allemagne et au Luxembourg), ainsi qu'aux États-Unis, et nombre d'expérimentations en ont été faites.

Alors, comment douter encore de la survie de l'âme après le décès ? L'important est malgré tout que les âmes des défunts ne restent pas sur les plans de l'astral proches de la Terre, mais remontent sur le plan de Lumière correspondant à leur plan d'évolution spirituelle. Nous pouvons les y aider tout de suite après leur départ, par la prière devant leur photo, avec une bougie de neuvaine allumée à leur intention, en leur disant de ne pas rester près de notre monde mais de monter vers la Lumière. Car la Lumière est toujours visible des yeux spirituels de celui qui est parti de l'autre côté de ce monde. Il est bon de leur indiquer cette Lumière afin qu'ils la suivent.

La mémoire des ancêtres

> « Je suis né dans un monde qui commençait
> à ne plus vouloir entendre parler de la mort
> et qui est aujourd'hui parvenu à ses fins,
> sans comprendre qu'il s'est du coup condamné
> à ne plus entendre parler de la grâce… »
> – Christian Bobin – *La Présence pure*

Il y a dans nos vies des événements qui peuvent sembler anodins ou banals, parce qu'on peut être amené à les vivre de façon courante et y faire face sans que cela réveille en soi un quelconque questionnement. Les maladies et les problèmes qui atteignent le corps humain font partie de ces incidents ou accidents de parcours que nous rencontrons tous un jour ou l'autre au cours de notre existence. Nous le savons maintenant, la plupart de nos soucis de santé sont psychosomatiques. Ce qui signifie que nous nous les fabriquons à travers notre psychisme, nos pensées négatives, nos émotions et le non-amour de soi.

Lorsque nous sommes à l'écoute de notre corps et que nous prenons conscience que ces dysfonctionnements ont quelque chose à nous dire, nous pouvons avoir recours aujourd'hui à des thérapeutes formés au langage du corps, capables de donner une traduction et donc un sens au problème de santé qui nous atteint. Ainsi Michel Odoul s'est-il penché sur ces questions à travers son célèbre livre *Dis-moi où tu as mal, je te dirai pourquoi*. Christian Flèche également, à travers son ouvrage *Mon corps pour me guérir*. Plus récemment Seymour Brussel[1], pratiquant la méthode douce d'ostéopathie bioénergétique Surrender, a écrit de son côté plusieurs ouvrages sur ce sujet, dont *Le Corps autoguérisseur*. Ainsi pouvons-nous aujourd'hui avoir un décodage de notre mal-être et de nos maladies pour nous dire d'aller chercher plus en profondeur ce qui, en nous, a pu provoquer ces troubles de santé. Bien entendu un traitement sera à suivre, mais en prenant conscience de nos chocs émotionnels qui en sont la cause, nous participerons grandement à notre guérison.

Cependant certaines pathologies, souvent sérieuses, peuvent apparaître comme des héritages par rapport à une lignée, paternelle ou maternelle, et peuvent être décodées à travers ce que l'on appelle le *transgénérationnel*. Dans mon activité de Communication profonde, il n'est pas rare de résoudre de tels cas en décelant qui, dans l'arbre généalogique, nous a transmis un tel héritage et ce que nous avons à comprendre pour l'accepter et/ou en guérir.

Souvent, celui qui cherche à comprendre d'où lui vient une maladie invalidante ou un problème de santé qu'il ne s'explique pas est venu sur Terre pour accomplir un travail non seulement pour son évolution personnelle, mais aussi pour sa lignée. Terminer ou résoudre une situation qui a ses racines dans les générations précédentes permet de « guérir » son arbre

---

1. Seymour Brussel : ostéopathe bioénergétique. *Le Corps autoguérisseur* – Éditions Dervy, 2008. Citons également l'excellente « encyclopédie » de la psychothérapeute belge Christiane Beerlandt, *Les Clés de l'autolibération*.

généalogique. Le fait de comprendre d'où lui vient cette transmission et pourquoi, permet au moins d'accepter son problème de santé, et au mieux, d'en guérir.

À l'âge de 56 ans, je me découvris une tache sur la peau au niveau de la pliure du genou droit[2]. Je crus que c'était un grain de beauté, que j'avais déjà depuis un certain temps et qui était en train de se développer et de prendre couleur. À l'époque, on ne parlait pas autant des mélanomes qu'aujourd'hui et comme je n'en avais jamais vu, je n'eus pas un instant l'idée que ça pouvait en être un.

Trois ans auparavant, ma mère était arrivée chez nous, et j'avais arrêté de travailler à l'extérieur pour me consacrer à elle et à notre fils alors âgé de 8 ans. C'était une période qui allait marquer aussi le début d'un conflit avec ma fille… Tous les éléments étaient réunis pour que je déclare ce type de cancer de la peau, relevant de problèmes affectifs profonds. Il est vrai que l'accueil dans notre foyer de ma mère dépendante avait réveillé en elle son caractère autoritaire et qu'elle se comportait avec moi de façon tyrannique. Me donnant des ordres à coups de canne sur le sol, et me rappelant qu'elle était encore ma mère à qui je devais «obéir», je me retrouvais dans l'état de petite fille et d'adolescente que j'avais quitté depuis si longtemps…

Lorsque le médecin était venu pour renouveler ses médicaments, je lui fis voir ce grain de beauté qui à présent ressemblait à une petite grappe grise et me démangeait. Ouvrant de grands yeux, il me dit : « Mais c'est un cancer de la peau. Allez tout de suite à l'hôpital pour prendre un rendez-vous avec un chirurgien et dites que c'est urgent ! Il ne faut surtout pas attendre. »

---

2. J'appris plus tard que le genou est l'articulation qui est reliée aux relations mère-fille. On peut comprendre que le contexte doublement problématique dans lequel je me trouvais à ce moment-là avait permis que ce mélanome s'installe justement à cet endroit.

N'ayez plus peur de la mort

C'est ainsi que je dus me faire opérer de ce mélanome en urgence. On me retira la tumeur qui fut envoyée au laboratoire d'analyse cancérologique. Le retour de l'examen demanda une semaine. Les résultats confirmèrent la malignité du mélanome, préconisant une seconde opération sur une plus large surface de façon à éviter une récidive par la suite sur un organe interne. Je devais être de nouveau opérée rapidement et au plus tard dans les trois semaines qui suivaient la première opération. Je repris rendez-vous avec le chirurgien qui m'avait opérée la première fois, mais son secrétariat me répondit qu'il était parti pour les vacances de Pâques. Il fallait que je le rappelle à son retour. Malheureusement, la date dépassait les trois semaines de délai pour que l'opération ait lieu. Mais que pouvais-je faire d'autre qu'attendre ?

Ma belle-mère, venue passer quelques jours pour aider aux travaux de la maison, racontait des histoires de son entourage concernant des récidives de cancer à la suite d'un mélanome. C'était sans doute pour me motiver à trouver une solution plus rapide, mais laquelle ?

Jonathan avait 11 ans à cette époque. La dépression me guettait. Les pensées négatives m'assaillaient. Je me mettais de plus en plus à l'écart du noyau familial, envisageant la maladie gagnant du terrain et me conduisant à la fin de ma vie. J'entendais le monde autour de moi, mais je m'en excluais volontairement, comme ne faisant déjà plus partie de lui. Je regardais à distance mon mari, voyant combien il s'investissait dans les tâches ménagères pour m'éviter toute fatigue inutile. Je voyais notre fils, cet enfant chéri à qui j'avais donné sa vie dans de telles difficultés : mon attachement à lui était ma plus grande souffrance. Il était encore si jeune ! Comment vivrait-il mon absence si je devais partir ? Comprenant que c'était là une épreuve à transcender, je pris conscience que j'avais considéré mon enfant comme étant l'être le plus important au monde pour moi, qu'il avait pris le plus grand espace dans mon cœur, au point que, je m'en aperçus clairement, il était devenu comme une sorte de «dieu»… Mais où était passée ma foi dans tout ça? En un éclair, il me vint à cet instant la pensée suivante: si Jésus venait à frapper à ta porte et te disait: «voilà, ton temps est venu de quitter cette Terre, nous avons plus besoin de ton âme là-haut qu'ici-bas à présent. Tu as accompli ce que tu devais faire, il est temps de revenir et je suis venu te chercher. Veux-tu me suivre?…» Que ferais-tu? Dans l'instant, ma vision des choses changea: la suite de ma pensée fut une évidence: je me lèverais et je Le suivrais sans hésitation!… et avec Joie!

Mon Amour pour Lui et ma foi étaient donc toujours là, intacts! Ce fut comme s'Il était vraiment venu me le faire voir, me permettre de me le prouver à moi-même, me dire aussi qu'Il était toujours là, présent, et qu'Il ne m'abandonnerait pas non plus… Aussitôt, je coupai instantanément la souffrance que je m'étais créée par mes pensées négatives, auxquelles j'avais donné consistance et que je continuais d'alimenter… Mon Amour pour le Christ était venu m'en libérer! Je cessai dans l'instant de ressasser les idées noires que je brassais depuis plusieurs jours, je repris ma place dans mon cocon familial et retrouvai ma capacité à positiver la situation. Nul doute qu'elle allait s'arranger! Je me sentais de nouveau confiante dans la protection divine.

Elle ne se fit pas attendre. Très tôt le lendemain matin (mardi de Pâques), ma belle-sœur qui travaillait à l'hôpital Saint-Louis – établissement spécialisé dans tous ce qui concerne les maladies de peau – me téléphona. Elle venait d'apprendre que le chirurgien cancérologue spécialiste des cancers de la peau serait dans l'établissement jusqu'à la fin de la semaine pour y faire des interventions. Il fallait que je me rende au secrétariat avec mon dossier et que je prenne rapidement rendez-vous pour demander à profiter de son passage et me faire opérer de nouveau.

Le lendemain j'étais dans la salle d'attente du service de dermato-cancérologie. Après trois longues heures d'attente, je fus reçue par le Dr Smadja (je n'oublierai jamais son nom) qui me donna un rendez-vous dès le lendemain soir : il m'opérerait en « ambulatoire » sous anesthésie locale et je pourrais repartir chez moi dans la foulée !

Dire que ce fut une partie de plaisir ne serait pas vraiment exact. L'intervention dura « un certain temps » pendant lequel le chirurgien et l'infirmière discutèrent de tout et de rien, de leurs enfants et des fêtes de Pâques qu'ils venaient de passer… J'essayais de suivre pour me changer les idées et oublier la douleur du genou qui revenait lorsque l'anesthésie ne faisait plus effet. L'infirmière me faisait alors une nouvelle piqûre et je me remettais à écouter leur conversation dont je soupçonne qu'elle était un autre moyen de « m'endormir » ! Mais j'étais bien présente et, malgré tout, pleine de gratitude pour ces deux personnes qui faisaient tout leur possible pour m'éviter cette récidive qui planait au-dessus de ma tête pour l'avenir…

Étant donné les circonstances opératoires, une greffe de peau pour fermer l'ouverture n'était pas possible. En sollicitant l'élasticité des tissus, ce sont donc douze points de suture qui terminèrent l'opération et qui durent rester en place cinq semaines. La cicatrisation eut du mal à se faire compte tenu de la pliure où était située la tumeur. Après quoi je suivis une rééducation progressive à la marche. Toute l'année qui suivit, j'allais en Belgique voir une naturopathe réputée qui travaillait avec des cancérologues afin de modifier le terrain des personnes atteintes de cette maladie. J'y retournais tous les deux mois afin de suivre les recommandations d'un régime alimentaire drastique qui allait nettoyer tout mon organisme, en même temps que j'étais soignée sur la partie opérée avec des applications de plantes et des massages aux huiles essentielles, permettant une meilleure circulation sanguine de la zone opérée.

Je mis néanmoins près de six mois à reprendre une vie normale, et surtout une démarche acceptable. Avec le temps, tout cela s'estompa et revint « presque » à la normale. Je dis « presque » car encore aujourd'hui, soit près de vingt ans plus tard, je ne peux jamais oublier ce genou. L'impression que j'ai d'avoir un pansement compressif permanent m'empêche de le plier totalement, et je ne peux plus m'appuyer dessus ni m'accroupir. Mais c'est un moindre mal…

On pourrait inscrire ici: « fin de l'histoire », dans la mesure où je vécus cette mise à l'épreuve comme une révélation de la foi qui animait mon âme et du courage dont j'étais capable pour supporter ce que je venais de vivre. Certes, cela me rendit plus forte. Cependant, je ne savais pas encore que dix ans plus tard, il y aurait une répercussion de taille, suite logique si l'on peut dire, de cette maladie bien dissimulée dans les racines même de mon arbre généalogique. Tant de mystères sont cachés à nos yeux spirituels! J'allais découvrir bientôt une des raisons de mon incarnation présente qui me ferait comprendre le sens profond de ce que j'avais à voir dans cette expérience douloureuse. La quête du sens des épreuves que nous traversons permet de les comprendre, les intégrer pour, souvent bien plus tard, nous en émerveiller. Car rien n'est donné pour rien, aucune souffrance n'est possible dès que l'on a pris conscience de sa raison d'être. Je sais aujourd'hui qu'il y a toujours un cadeau caché derrière une expérience, aussi difficile soit-elle.

La suite de l'histoire va permettre de voir à quel point nous sommes aussi ce pont entre notre monde et celui de l'Au-delà, entre nous et nos ancêtres, entre leur propre devenir spirituel et notre vie terrestre. Nous y sommes impliqués pour peu que nous suivions notre plan de route tel que nous l'avons prévu avant même de venir ici-bas, âme en recherche de sa réalisation. Encore faut-il que nous soyons à l'écoute des messages qui nous sont transmis et dont le corps est souvent le porteur silencieux.

Dix ans après l'ablation de ce mélanome, je commençai à ressentir une difficulté dans la marche au niveau de l'aine du côté droit, côté du genou opéré. Puis la douleur se précisa, monta au niveau de l'articulation de la hanche, et je dus aller faire une radiographie pour en connaître l'origine. Le résultat était là: arthrose accélérée de la hanche droite. Une opération devait être envisagée sans trop tarder car l'usure prenait déjà des proportions sérieuses, conséquence d'un décalage du bassin qui avait dû s'adapter à ma nouvelle morphologie après l'opération du genou.

Mon intention était de tenir le plus longtemps possible sans passer par l'opération, voire à reconstituer le cartilage qui s'était usé anormalement vite. Je me mis à avaler des boîtes et des tubes de produits naturels favorisant la recalcification, la régénération des cartilages et l'assouplissement des articulations et des tendons. Mais au bout d'une année, rien ne semblait avoir amélioré la douleur qui ressemblait de plus en plus à une «cruralgie chronique» particulièrement douloureuse. J'étais devenue dépendante d'antalgiques, médicaments chimiques cette fois, seule possibilité pour moi de travailler sans souffrir. C'est à ce moment-là que je décidai d'aller consulter une personne dont l'adresse m'avait été communiquée par une de mes amies: «Tu verras, me dit-elle, elle est comme un guide sur Terre pour qui vient la voir, et elle te dira si tu es sur ta voie juste ou si quelque chose est à faire en rapport avec ton problème actuel.» Il s'agissait de prendre rendez-vous avec une personne qui pratiquait l'astrologie chinoise. Je voulais comprendre ce nouveau problème qui était lié, j'en étais convaincue, au premier *message* du genou.

C'est ainsi que je fis la connaissance de Marie-Pierre Dillenseger. Elle travaillait en entreprise et avait ses bureaux à la fois à Paris et aux États-Unis. Parallèlement, elle exerçait l'astrologie chinoise qui lui permettait de guider la personne consultante sur son chemin de vie, en lui donnant les conseils essentiels et nécessaires afin d'optimiser ses potentiels professionnels autant que spirituels.

Fin août 2009, je l'appelai donc et tombai sur son répondeur téléphonique annonçant qu'elle était à Boston et qu'elle ne reviendrait pas avant le début du mois de septembre. Je laissai donc un message avec mon nom et mes coordonnées téléphoniques afin qu'à son retour elle puisse me rappeler.

En fait, elle m'appela très rapidement depuis Boston où elle se trouvait et je pus donc lui faire la demande de mon thème sans avoir à attendre son retour. Elle me répondit qu'elle pourrait me faire cette étude pour la mi-septembre. Elle ajouta qu'elle ne voulait rien savoir de moi si ce n'était mes dates et heure de naissance ainsi que le lieu. Je fus particulièrement satisfaite que cela se passe aussi rapidement et qu'elle ait eu la bonne idée de m'appeler des États-Unis. Je n'en attendais pas tant de la Providence !

Le jour de notre rendez-vous arriva et c'est donc en boitillant que j'arrivai à l'adresse qu'elle m'avait indiquée. Je fus accueillie avec un grand sourire qui me mit à l'aise tout de suite. Je ne reproduirai pas ici le contenu de près de deux heures d'entretien mais celui-ci commença de la sorte :

« Tout d'abord, en regardant votre thème, j'ai été surprise de votre demande car elle ne se justifiait pas : je n'ai pu que constater que vous étiez sur votre juste chemin de vie, avec tout ce que cela comportait comme succès présents et futurs au niveau de votre activité de relation d'aide. Il n'y avait donc pas d'inquiétude à avoir sur ce sujet. Ce que je pourrais vous dire de plus, c'est que depuis votre naissance sur Terre, votre âme n'a cessé de faire croître sa Lumière. On pourrait dire que vous êtes arrivée ici-bas avec une petite bougie dans votre main qui est devenue en grandissant une belle chandelle, puis ce fut tout un chandelier qui éclaira votre route et celle des autres, pour devenir maintenant un de ces immenses lustres en cristal qui sont dans les musées ou les châteaux, renvoyant leurs mille feux dans toutes les directions. Chacun de ceux qui viennent vous

N'ayez plus peur de la mort

voir est comme attiré par la Lumière que vous dégagez et vous êtes parfaitement à votre place. Du coup, je me suis dit qu'il devait y avoir autre chose, un fait suffisamment important qui vous a poussé à me demander cette étude. J'ai donc cherché de quoi il s'agissait vraiment. Et je crois avoir trouvé la bonne raison qui vous a amenée jusqu'à moi : il y a quelqu'un dans votre famille, plutôt du côté maternel, qui a dû gagner sa vie à la sueur de son front, dans toute l'acception de ce terme, et qui ne méritait pas ce traitement parce qu'issu d'une condition sociale plus élevée. Du coup, votre inconscient vous empêche de vous rémunérer dans votre travail à la juste mesure de ce que vous donnez. Vous refusez d'être payée correctement par loyauté envers cette personne de votre famille qui a connu la misère. Vous vivez votre activité plus comme une joie que comme une difficulté si bien que vous ne vous sentez pas le droit d'en demander une rétribution correcte. »

Ce discours me parla forcément. Je lui précisai à cet instant les problèmes genou/hanche, que je souhaitais élucider. Me parlant de ma famille côté maternel, il était évident que tout avait commencé par l'arrivée de ma mère à notre foyer, avec son autoritarisme, parfois même avec son agressivité, et je n'avais pu comprendre cette attitude qu'après l'avoir écoutée, jour après jour, me raconter l'histoire de ses parents et de son enfance. Je rapportai donc ce que je connaissais de la vie de ma mère à Marie-Pierre qui venait de me dévoiler une partie du problème pour lequel je la consultais.

Je lui donnai donc un minimum d'informations, reprenant ce que je connaissais la vie de ma mère et de sa famille qu'il me faut relater ici.

Elle était la troisième fille d'une fratrie de quinze enfants, arrivée de Pologne en France en 1924, alors qu'elle avait 7 ans. Après avoir tout perdu au moment de la révolution russe, son père avait dû aller travailler dans les fermes avec ses deux fils aînés pour pouvoir gagner le pain quotidien. Sa mère passait son temps à mettre des enfants au monde ou à faire des fausses couches et les plus grands élevaient les plus petits. C'est ainsi que ma mère ne put aller à l'école que jusqu'à l'âge de 8 ans, juste pour apprendre à lire et à écrire le français, puisqu'elle devint à son tour la maman de ses petits frères et sœurs plus jeunes... Autant ce grand-père était patient et courageux, autant la grand-mère était dure et violente, distribuant plus souvent des coups que des compliments. Les coutumes polonaises voulaient que les enfants s'adressent aux parents en les vouvoyant, ce qui ne laissait pas une grande place à l'amour dans cette famille miséreuse.

Tout cela, je l'avais appris de ma mère. La suite de l'histoire, ce fut un de mes cousins, fils de la sœur aînée de ma mère, qui me la raconta. Ce cousin, né de père inconnu entre le divorce de sa mère et son remariage, portait le nom du précédent mari qui n'était cependant pas son géniteur. Mon cousin avait éprouvé le besoin de connaître ses propres racines familiales au moins du côté de sa mère (et de la mienne aussi par conséquent) pour donner un sens à sa naissance. Il avait travaillé sa vie durant au CNRS[3], ce qui fut pour lui la place idéale pour procéder à toutes les investigations possibles sur nos origines. Il commença par retrouver en Espagne une comtesse portant notre nom de famille (côté maternel) qui détenait des documents suffisamment anciens pour qu'il puisse récapituler l'ensemble de l'histoire d'où provenait notre famille. C'est par cette femme qu'il a pu se faire traduire les pièces officielles permettant de prouver que mon grand-père était de souche noble. Il me faut encore ici donner un peu plus de détails sur l'histoire de ce grand-père. Cela permettra de comprendre comment le vécu d'une seule personne peut libérer toute une lignée de son arbre généalogique.

---

3. Le Centre national de la recherche scientifique, plus connu sous le sigle CNRS, est le plus grand organisme public français de recherche scientifique.

N'ayez plus peur de la mort

Il y avait, dans la lignée de mon grand-père maternel, toute une période de l'histoire qui révélait des unions royales et impériales avec les rois de Lituanie et les Habsbourg du temps de l'Empire austro-hongrois. Jusqu'à la révolution russe de 1917, mes grands-parents avaient été des gens aisés. Mon grand-père était attaché à la cour du tsar Nicolas II comme chef de ses écuries, s'occupant de son cheval personnel, ce qui nécessitait un titre de noblesse qu'il avait reçu du tsar en personne. La révolution russe le poussa à fuir son pays pour se réfugier avec ma grand-mère et leurs deux premières filles au Danemark. Ma mère naquit là-bas, à Aarhus, en 1917, l'année de leur expatriation. Grâce aux économies qu'ils avaient réussi à emporter, ils arrivèrent à s'installer à l'époque dans une ferme où ils créèrent un élevage de volailles qui leur permit de vivre aisément. Lorsque la paix revint en Russie et en Pologne, Ils décidèrent de revendre leur affaire et de rentrer au pays. Ils pensaient récupérer des titres qu'ils avaient mis de côté dans un établissement bancaire, de façon à pouvoir rapidement reprendre au moins une activité semblable à celle qu'ils avaient fondée au Danemark. Hélas, la Pologne comme la Russie étaient ruinées, les emprunts russes n'étaient pas remboursés et ils eurent tout juste de quoi investir à nouveau dans un début d'élevage de volailles…

Entre-temps, deux autres enfants étaient nés et ma grand-mère dut faire appel à son frère pour l'aider à mettre en route cette nouvelle installation. Une mauvaise gestion de ce dernier, et l'affaire périclita. Dès lors, il n'y avait plus d'autre choix que d'immigrer en France : là se faisait sentir un grand besoin de main-d'œuvre après les traces laissées par la Première Guerre mondiale et la France ouvrait ses frontières aux ressortissants des pays de l'Est qui étaient assez courageux pour émigrer et participer à sa restauration…

C'est ainsi qu'ils quittèrent la Pologne, arrivant en 1924 à la frontière franco-suisse, puis descendant progressivement dans le Doubs, ils arrivèrent jusque dans l'Allier. À cette époque, la France donnait généreusement la nationalité française à ces travailleurs venus de Pologne pour aider à la remise en état de la patrie. Mon grand-père obtint donc cette faveur pour tous les siens, ce qui lui permit de trouver très facilement du travail dans les fermes en tant que métayer. Il se louait avec ses fils pour les travaux des champs. Ainsi survécut sa famille, malgré la précarité et les maladies qui ne manquèrent pas d'atteindre les enfants les plus fragiles. Trois de leurs enfants moururent en bas âge, dont un de froid. Ma mère contracta elle-même la tuberculose à 8 ans, et lorsqu'elle en parlait, elle me disait que sa mère l'obligeait à se lever en dépit de sa fièvre pour s'occuper de ses frères et sœurs, la traitant de paresseuse et de bonne à rien si elle restait couchée. Elle me disait s'être soignée elle-même en mangeant l'oseille sauvage au bord des chemins et elle est restée persuadée jusqu'à la fin de sa vie que c'est ce qui la sauva. À vrai dire, elle fit un pneumothorax spontané, un poumon se sacrifiant au profit de l'autre permettant sa survie. À cette époque, la survie était une question de sélection naturelle. Les plus forts survivaient, les plus faibles mouraient. Ce fut l'histoire de ma mère.

Aucun membre de sa famille ne remit jamais les pieds en Pologne. Ils obtinrent la nationalité française mais furent toujours considérés comme des étrangers.

Lorsque j'eus fini de relater cette histoire à mon interlocutrice, elle me demanda comment s'était terminée la vie de mes grands-parents. Je dus lui répondre que mon grand-père était enterré dans un petit village non loin de Vichy, mais que ma grand-mère, selon les informations que mon cousin en avait, avait été mise à la fosse commune, aucun de ses enfants n'ayant voulu donner la moindre somme pour lui permettre d'avoir une sépulture décente.

Ce récit impressionna beaucoup Marie-Pierre. Elle entrevit alors une autre tâche qu'il me faudrait accomplir, symboliquement plus importante que le simple fait de ne pas me rétribuer correctement pour l'activité que je faisais, par loyauté inconsciente envers la misère de mon grand-père. En fait, les différents problèmes focalisés sur ma jambe droite (genou et hanche) étaient directement liés à la part masculine de mon arbre généalogique du côté maternel. Liés aussi à l'enracinement du souvenir d'expatriation de mon grand-père qui n'avait jamais pu se pardonner d'avoir fui sa Pologne natale et d'avoir été enterré en terre étrangère. Il y avait un travail de réconciliation à faire entre la terre de France et la terre de Pologne afin que l'âme de mon grand-père puisse être libérée de sa culpabilité dans l'ombre de laquelle il se trouvait bloqué, incapable de trouver la Lumière et la paix. Le côté droit – masculin – de mon corps ramenait cette mémoire de mon grand-père : le genou ne voulait plus s'agenouiller et subir l'humiliation de devoir se vendre au plus offrant, et la hanche avait suivi, handicapant la marche et donc l'enracinement sur une terre qui n'était pas la sienne... Tout ce côté dont je souffrais, c'était l'héritage que mon grand-père m'avait légué afin de « ne pas oublier » qui il était ni d'où il venait. Cette tâche de réconciliation était un devoir de mémoire qu'il m'appartenait d'accomplir car j'étais le seul maillon de la chaîne familiale pouvant vivre en conscience et spirituellement cet acte symbolique. Plus qu'une tâche, elle était une « mission » qu'il m'était demandé de mener à terme afin de pouvoir réhabiliter mon grand-père au sein de son propre arbre généalogique au passé si prestigieux. Cet accomplissement lui apporterait la paix et un dénouement bénéfique qui retomberait sur toutes les générations qui l'avaient précédé et jusque dans le plan astral où son âme restait bloquée depuis son décès. Cette mission me revenait, je devais m'en acquitter, mon corps en témoignait par les blocages stigmatisants qui handicapaient mon avancée et ma démarche...

Les consignes que je reçus de cette astrologue hors du commun furent à la fois simples et totalement inconcevables à réaliser à première vue. J'étais à cent lieues de me douter des suites qui résulteraient de ce qui m'était demandé.

En premier lieu, je devais retrouver où avait été enterré mon grand-père et, pieds nus devant sa tombe, lui rendre hommage pour le courage dont il avait fait preuve pour mener sa vie et assumer sa famille quoi qu'il lui en ait coûté…

Ensuite, je devais retrouver le village de son enfance en Pologne et, si possible, la maison où il était né et où il avait fait ses premiers pas. Puis prélever un peu de cette terre et la ramener en France où je la disperserais dans mon propre jardin.

Ainsi s'accomplirait pour mon grand-père cette réconciliation symbolique entre la Pologne, sa patrie, et la France, sa terre d'accueil.

Je revins de cette consultation totalement bouleversée. Lorsque je racontai tout cela à Bruno, il me dit que ce serait une bonne idée de voyage et de découverte de ce pays que nous ne connaissions pas. Et il décida que pour nos prochaines vacances d'été, nous irions en Pologne ! Nous étions en septembre, nous avions dix mois, déclara-t-il, pour mettre suffisamment d'argent de côté afin de nous offrir un séjour de quinze jours à l'hôtel !

Je n'étais vraiment pas enthousiaste à cette idée. Pour ma part, je souhaitais juste faire l'aller et le retour pour accomplir mon devoir et c'était tout. Quand nous étions enfants, ma mère nous avait parlé de la Pologne d'une telle façon que j'en avais gardé une image de misère et de gens retardés, image qui me laissait à penser que ce ne serait pas un endroit où nous pourrions trouver un intérêt quelconque. Bruno éclata de rire et alla chercher sur Internet des images actuelles de Cracovie, de Varsovie et d'autres villes et campagnes, toutes plus belles les unes que les autres. Je consentis donc à envisager ce voyage, mais auparavant, il y avait à trouver la tombe de mon grand-père en Auvergne, retrouver l'adresse de la famille qui restait en Pologne et mener une enquête sur le village d'origine de ce grand-père.

N'ayez plus peur de la mort

Ce qui suivit, là encore, releva presque du miracle. Je fus guidée tout le long de ce parcours symbolique qui consistait à faire le chemin à l'envers de celui de mon grand-père, depuis sa mort en France jusqu'à ses premiers pas sur la terre de Pologne...

***

Nous nous connaissions bien avec mon cousin sans nous fréquenter assidûment compte tenu de l'éloignement géographique, mais il était venu aux obsèques de ma mère cinq ans auparavant et nous avions pu, à cette occasion, échanger sur la vie de nos mères respectives... Je pris donc contact avec lui et lui expliquai ma démarche. Il en comprit parfaitement le sens spirituel, ayant été élevé depuis l'âge de 12 ans dans une famille où le mari était pasteur. Enlevé à sa mère pour cause de maltraitance et placé par les services sociaux dans cette famille d'accueil, il avait reçu des valeurs spirituelles vivantes et profondes et il fit tout pour me faciliter la tâche.

Deux mois plus tard, j'allai le rencontrer pour qu'il m'amène jusqu'à la tombe de notre grand-père qui, par chance, se trouvait à proximité de l'endroit où mon cousin habitait. En fait, la plupart des descendants de mes grands-parents maternels – tantes, oncles, cousins et petits cousins – étaient tous restés dans la région où s'étaient installés mes grands-parents à leur arrivée en France. À part ma mère, seule de tous les enfants à avoir épousé un Français et habitant Paris, tous les autres avaient épousé des Polonais et s'étaient éparpillés ici ou là, mais toujours en Auvergne.

Je me souviens avoir fait ce pèlerinage dans le petit cimetière de Bellenaves, triste et gris, sous un petit crachin frileux de novembre, accompagnée de mon cousin et de sa femme. Je me mis pieds nus et, devant la modeste tombe de mon grand-père, je me recueillis, saluant cette âme qui avait tant souffert de son destin et qui était toujours perdue dans les limbes par la culpabilité et le repentir… Je lui rendis hommage, à lui et à tous ses ascendants – mes ascendants – qui avaient permis l'incarnation difficile mais courageuse de cette grande âme qui accepta une vie de misère, bien qu'issue des plus hautes origines de la noblesse polonaise. Je restai un moment prise dans l'onde d'amour que j'envoyai à ce grand-père que j'avais si peu connu, mais dont je me souvenais du bon visage grâce aux photos que possédait ma mère. Le temps fut suspendu tandis que passaient dans mon cœur des émotions qui avaient aussi à voir avec l'âme de ma grand-mère… Elle semblait avoir été une véritable marâtre pour ses enfants. Mais j'avais appris, dans mes formations en psychogénéalogie, qu'une femme qui met autant d'enfants au monde, à la suite les uns des autres, est déjà une femme « morte » : sa seule façon d'exister est de donner la vie, même mal, même durement… Il aurait fallu aller regarder dans sa propre enfance pour comprendre les raisons de cette agressivité, comme je l'avais fait avec ma mère pour comprendre sa propre vie et pardonner de tout mon cœur son rejet dès mon enfance, ses emportements, ses vexations, les gifles non méritées, sa jalousie… autant d'agissements qui se transformèrent finalement en tout amour à la fin de sa vie ! Au nom de cet amour retrouvé avec ma mère, j'envoyai une onde de compassion à cette femme qui fut ma grand-mère, et dont je revoyais le visage maigre et pincé sur les photos de famille que j'avais vues et où elle apparaissait. Sans doute n'avait-elle pas supporté cette chute dans l'échelle sociale après être revenue du Danemark dans son pays natal… et d'en être arrivée là, dans cette terre étrangère et dans cet état d'indigence.

L'épouse de mon cousin avait judicieusement emporté une serviette-éponge pour que je puisse m'essuyer les pieds après les avoir mis nus sur la terre devant la tombe. Nous quittâmes ensuite le cimetière, silencieux et graves. J'avais ressenti que

N'ayez plus peur de la mort

mon cousin et sa femme m'avaient rejointe dans mes prières et dans cet acte symbolique. Et nous ne pouvions trouver de mots pour rompre ce silence plus éloquent que toutes les paroles qui auraient pu se dire.

Il se passa un certain temps avant que mon cousin rompe ce silence et qu'il me propose de me faire faire le tour des lieux où avait travaillé notre grand-père. J'acceptai volontiers, continuant à refaire ce chemin à l'envers afin de mieux m'imprégner de ce qu'il avait dû vivre.

Arrivés devant la première maison où il avait habité, mon cousin prit conscience que nous étions le 11 novembre. « Alors là, pour un rendez-vous sur ces terres, ce n'est pas banal ! » me dit-il ! Et il se mit à me raconter de quelle façon la sélection des métayers se passait à l'époque du grand-père : chaque année, le 11 novembre, jour de l'armistice de la guerre de 1914-1918, les propriétaires terriens rassemblaient tous les métayers sur la place des villages afin d'en embaucher de nouveaux pour leurs besoins. C'était l'occasion de parlementer comme à la foire, chacun des propriétaires se conseillant les uns les autres pour se passer les noms des plus courageux et bénéficier du meilleur métayer pour ses terres. Une fois le métayer choisi, ce dernier mettait tout son pauvre mobilier sur sa charrette et venait s'installer dans les dépendances du nouveau propriétaire, jusqu'au 11 novembre de l'année suivante où, de nouveau, la sélection des meilleurs bras de la région pouvait espérer obtenir du travail. Notre grand-père avait une certaine notoriété car avec ses deux fils aînés, ils retournaient à la bêche un champ de plusieurs hectares en un temps record.

En ce temps, les charrues étaient encore rares pour faire faire ce travail par les chevaux, d'autant que beaucoup de chevaux avaient disparu également avec la guerre, réquisitionnés par l'armée afin d'aller au combat avec les officiers ou pour transporter les canons.

L'après-midi se passa donc à faire le tour des différentes fermes où avaient travaillé le grand-père et ses fils. La toute dernière semblait habitée et mon cousin risqua un pas dans la direction de la jeune femme qui se trouvait dans le jardin. Il lui demanda si elle était bien la propriétaire des lieux. Elle acquiesça et il lui expliqua les raisons qui nous avaient poussés jusque chez elle. Elle nous fit aussitôt entrer dans la maison où se trouvait son mari, et nous offrit une boisson chaude. Mon cousin et moi parcourions des yeux les murs de cette pièce. Il était émouvant de penser que nos grands-parents avaient vécu ici leurs dernières années. Nous reconnûmes, l'un comme l'autre, ce coin de cheminée où avait été prise l'une des dernières photos de notre grand-mère. Moment d'arrêt sur image pourrions-nous dire... Une seconde d'éternité sembla planer encore cette fois hors du temps...

La première étape de ce voyage était donc accomplie, étape qui avait commencé devant la tombe de mon grand-père. Puis le parcours des différentes maisons encore existantes où « il avait gagné son pain à la sueur de son front »...

Restait la seconde étape qui était encore d'une autre dimension puisque cette fois, je devais remonter jusqu'à sa naissance! Et celle-ci allait devoir m'amener en Pologne...

Ma jambe droite étant de plus en plus douloureuse, je décidai de me faire opérer de la hanche deux mois avant de partir. Ainsi, je serais remise d'ici au départ prévu pour juillet. Entre-temps, j'obtins de mon cousin l'adresse de la famille polonaise qui nous restait, située à quelque deux cents kilomètres à l'est de Varsovie, ainsi que l'adresse e-mail du fils aîné qui avait déjà communiqué avec le fils de mon cousin.

Un bon mois avant notre départ, nous avons donc commencé par envoyer un courriel afin de prévenir ma famille de notre prochaine venue, leur expliquant qui nous étions. Nous leur avons communiqué les coordonnées de l'hôtel ou nous serions à notre arrivée à Cracovie, ville choisie par Bruno pour commencer notre périple et faire connaissance avec la Pologne. Tout se mettait en place pour nous faciliter ce voyage de la meilleure façon qui soit.

Je dois dire qu'en découvrant ce pays, tout ce que m'avait dit ma mère vola en éclat. Quatre-vingts longues années avaient transformé l'ancien pays martyrisé par deux guerres successives et par les déportations juives dans les camps de l'horreur. À la place, des villes nouvelles avaient été construites par-dessus les ruines et à Cracovie, la jeunesse emplissait les rues de leur joie et de leurs couleurs. Néanmoins, de me trouver ici fut comme si je retrouvais des racines anciennes, prêtes à m'accueillir, à me retenir, à me bercer comme un enfant qui retrouve l'endroit où tout a commencé… Tout à coup, c'était comme un retour chez moi. Même la langue – que malheureusement ma mère ne nous avait pas apprise – ne me rendait pas *étrangère* à ce pays car chaque fois que ma mère recevait la visite de ses frères ou sœurs, ils parlaient polonais entre eux et j'étais habituée à entendre la sonorité chantante de la langue…
Bref, je tombais amoureuse de ce pays, et je fus reconnaissante à Bruno d'avoir insisté pour que nous y séjournions plus longtemps que je ne l'avais souhaité dans un premier temps…

Au milieu du séjour, nous reçûmes un appel à notre hôtel en provenance de mon cousin polonais. Compte tenu de la difficulté à nous comprendre en raison de la langue, ce fut la réceptionniste de notre hôtel qui fixa notre rendez-vous : il aurait lieu le surlendemain après-midi à l'adresse même où habitait tout ceux de ma famille maternelle qui étaient encore en vie.

Après trois cents kilomètres de routes plus ou moins carrossables, nous arrivâmes enfin au village où vivaient « les miens ». Comment décrire ces retrouvailles ? C'est peu dire que nous fûmes reçus à bras ouverts ! Ce furent les enfants qui nous accueillirent à l'arrivée. Mariusz le fils aîné, âgé d'une trentaine d'années, tenta de s'exprimer en anglais avec une difficulté liée à l'émotion, nous souhaitant la bienvenue. Son épouse Dorota suivit, et leur petit garçon, Mattheus, âgé de deux ans, intimidé, se cacha dans le cou de sa mère. Ensuite apparut mon cousin Bénédict, le père de Mariusz, avec son bon regard qui me rappelait celui de mon grand-père, le visage buriné par les vents, les pluies, les frimas et le grand soleil de ce pays où tout semblait extrême, le climat comme l'amour des gens ! Né la même année que moi, Bénédict avait conservé de notre noblesse ancienne l'habitude de faire le baisemain aux dames, ce qu'il fit d'emblée en me voyant. Surprise par ce geste de déférence, je n'avais qu'une envie, le prendre dans mes bras comme le frère qu'il aurait pu être pour moi. Bien entendu, il répondit à mon geste affectueux et il m'étreignit avec tendresse. Son épouse Janina en fit de même spontanément. Ces retrouvailles furent magiques ! C'était une re-connaissance, comme une évidence des liens familiaux qui nous unissaient ! On ne savait quoi dire, mais on se disait quand même tout, en anglais, en français, et en utilisant les quatre ou cinq mots polonais que je connaissais de cette langue. Un repas nous avait été préparé qui était un repas de fête pour des hôtes de marque que pourtant nous n'étions pas. Le frère cadet de Mariusz, Slaweck, arriva très peu de temps après avec son épouse Carolina et leur fils de huit ans, Sébastian. Avec lui arriva la liberté d'expression car il parlait couramment l'anglais et put faire l'intermédiaire pour traduire nos échanges, les questions, les réponses. Une fois de plus suspendu, le temps nous parut trop court, d'autant qu'un nombre incalculable de personnages défilèrent les uns après les autres. Tous avaient un lien avec notre famille par les mariages ! Ils venaient, dans leurs plus beaux habits du dimanche, faire connaissance de la famille française fraîchement débarquée à Błota, petit village non loin de Braszewice, la ville la plus proche. Ce fut une véritable fête comme seuls les peuples slaves savent la faire, sachant se réjouir tels des enfants.

À la fin des festivités, je pus enfin demander où se trouvait la maison de naissance de mon grand-père et où il avait fait ses premiers pas. Mon cousin Bénédict me prit par la main, me fit descendre les escaliers de sa maison et me conduisit à une vingtaine de mètres où se trouvait une maison ancienne, blanchie à la chaux, qui tenait lieu de grange : et il me fit comprendre que c'était bien là la maison où mon grand-père (son grand-oncle) était né et avait fait ses premiers pas. Ensuite, il alla chercher de très vieilles photos sur lesquelles des membres de notre famille posaient devant la même maison. Il me désigna son père qui était le frère de mon grand-père, et m'énuméra tout le reste de sa famille. Toute notre histoire était là ! De toute évidence, le Ciel avait fait en sorte que ma tâche soit facilitée au maximum !

Les racines de ces gens de la terre sont si fortement ancrées qu'il était effectivement tout à fait envisageable que les générations se succèdent dans un endroit déterminé où les graines continueraient tout naturellement d'être semées afin de donner les beaux fruits d'une lignée saine et solide… Il n'était pas étonnant que mon grand-père se soit senti perdu loin des siens, et tout aussi compréhensible qu'il soit mort désespéré de ne pas pouvoir être enterré en Pologne, dans le cimetière non loin de son village de naissance, où le nom de ma famille maternelle s'inscrivait sur un grand nombre de stèles.

Bénédict, dernier héritier des nombreux hectares de terre autour du village, avait travaillé dur pour faire prospérer les cultures de blé, d'orge et d'avoine. La pauvreté des moyens utilisés pour traiter les champs permettait que ces céréales soient totalement biologiques. Mariusz, le fils aîné l'aidait chaque année aux récoltes, en plus de son travail quinze jours par mois dans un centre pétrolier en Norvège. Hormis ses champs de céréales, mon cousin avait sacrifié à la tradition de son père et de son grand-oncle, mon grand-père : il possédait aussi plus de deux mille poules rousses élevées en plein air dont il récoltait les œufs « bio » pour les revendre à des supermarchés en Allemagne pour la grande consommation !

À la fin de cette merveilleuse journée de retrouvailles, je demandai la permission de prélever un peu de terre du jardin… Bénédict alla chercher une bêche et préleva un gros paquet de terre dans sa haie tout près de sa maison. J'avais apporté un beau cristal de roche afin de le mettre à la place du cadeau de la terre et je l'enfouis dans le trou creusé par mon cousin.

Puis le temps vint de nous séparer et c'est ainsi que fut accomplie la plus grande partie de la mission qui m'était dévolue. Il me restait à mettre la terre de Pologne dans notre jardin, ce que je fis dès mon retour. Dans l'espace où je plaçai le petit monticule de terre polonaise, j'insérai de la même façon un cristal qui allait faire un pont avec celui que j'avais laissé dans le jardin de mon grand-père devenu le jardin de toutes nos racines, de mon cousin, de mes petits-cousins et arrière-petits-cousins, et de leur descendance… Ainsi était rétabli ce lien franco-polonais qui avait été, bien au-delà de nos familles, un lien privilégié et historique entre nos deux pays.

L'année qui suivit, nous y retournâmes pour un plus long séjour. Cette fois, ce fut moi qui leur apportai de la terre de France. Je voulus que mon cousin la mette à la place de la terre polonaise prélevée l'année d'avant, mais il refusa. Pour lui cette terre était trop précieuse et devait être conservée pour servir un projet de plantation exceptionnel…

Ainsi va la vie de l'homme sur la Terre : il y naît, il y meurt, pas toujours au même endroit que celui de sa naissance. Mais son âme, marquée par les épreuves rencontrées sur son chemin de vie, revient toujours malgré tout à son Origine, à la Source de l'Amour de l'Être. Encore faut-il qu'il se soit libéré de ses attachements et de ses erreurs qui l'avaient rendu aveugle à la Lumière qui pourtant le suivait, l'attendait.

Pour ce qui concernait mon grand-père, il me revenait symboliquement de lui montrer la Porte qui l'en libérerait et le conduirait vers les plans lumineux où il pourrait enfin retrouver la paix de l'âme et ceux qu'il avait aimés.

L'amour et le pardon

« Si ton frère a péché, va et reprends-le entre toi et lui seul.
S'il t'écoute, tu as gagné ton frère. »
– Matthieu 18:15

« Et s'il a péché contre toi sept fois dans un jour
et que sept fois il revienne à toi,
disant : Je me repens, tu lui pardonneras. »
– Luc 17:4

Qui ne connaît Yann Arthus-Bertrand, à mon sens le plus grand et le plus « conscient » des photographes de tous les temps ? Le magnifique livre de photos *La Terre vue du ciel*, tout comme ses films sur la planète et ses habitants, sont autant d'occasions de prise de conscience de notre responsabilité commune envers les désordres climatiques et la pollution, mais aussi envers l'hyperconsommation de l'eau dans nos pays civilisés au regard du tiers-monde qui en manque tellement. Ses films également sur la condition humaine, si différemment vécue selon les pays et les populations, sont des moyens de réveiller les consciences afin de comprendre que nous sommes tous frères malgré nos différences. Personne ne peut rester

N'ayez plus peur de la mort

insensible en regardant ces deux films : *Home* et *Human*. Ce dernier film comprend de multiples et magnifiques témoignages de vie et d'amour de personnes toutes différentes, toutes plus étonnantes les unes que les autres, de tous les pays, de tous les horizons, de toutes conditions sociales, humaines ou religieuses. Parmi ces témoignages, il y en a un qui m'a interpellée plus que les autres par l'authenticité qu'il dégage et qui ne peut que nous toucher profondément, émotionnellement autant que spirituellement. Il s'agit de ce prisonnier noir américain nommé Léonard, qui se trouve depuis plus de quinze ans dans le couloir de la mort pour avoir tué une mère et son enfant. Pour ceux qui ne l'auraient pas vu, je veux ici retracer son histoire qui, tout en étant dramatique, nous permet de comprendre que le pardon et l'amour inconditionnel se tiennent la main. J'ai pris en note ce témoignage et la meilleure façon que j'ai pour vous le présenter est de rapporter ici la séquence du film où il se confie. Dans la transcription de ce monologue, tous les points de suspension sont des silences ponctuant d'émotion la confession de Léonard :

« Je me souviens que mon beau-père me battait avec des rallonges électriques, des cintres, des bouts de bois… Il me disait : je souffre plus que toi, je le fais parce que je t'aime… Il m'a donné une fausse image de ce qu'était l'amour. J'ai cru que l'amour c'était de faire mal. Je faisais du mal à ceux que j'aimais… Je mesurais mon amour en fonction de ce que l'autre supportait… Ce n'est qu'en arrivant en prison, dans cet environnement dénué d'amour, que j'ai commencé à comprendre ce qu'était l'amour et ce qui ne l'était pas. Et j'ai rencontré quelqu'un… Et elle m'a donné un aperçu de ce qu'était l'amour… Parce qu'elle a su voir au-delà de ma condition et de ma condamnation à perpétuité pour le pire des meurtres : celui d'une femme et d'un enfant… C'est Agnès. La mère et la grand-mère de Patricia et Chris que j'avais assassinés… Elle m'a donné ma plus belle leçon d'amour. Parce qu'elle avait tous les droits de me détester. Pourtant ce n'était pas le cas... Au fil du temps, sur le chemin parcouru ensemble, une expérience extraordinaire, elle m'a donné de l'amour – à cet instant il se tait, ses larmes coulent en silence –, elle m'a appris ce que c'était... »

Quelle leçon d'amour a-t-il reçue là ! Comment ne pas en être bouleversé ?

Après ce témoignage, des journalistes ont dû demander à le rencontrer car j'ai revu Léonard quelque temps plus tard dans un reportage retransmis lors d'une émission religieuse, diffusée le dimanche matin par « Présence protestante ». J'allais donc avoir la suite de son histoire ! La voici.

Avec l'amour qu'il avait reçu d'Agnès, Léonard avait trouvé en lui une nouvelle force d'amour à redonner à ses codétenus, car une majorité de ces êtres étaient là pour avoir eu une enfance similaire à la sienne, ou pas d'enfance du tout. Lors des sorties quotidiennes obligatoires dans la cour de la prison, il réussit à rassembler quelques hommes avec qui il avait sympathisé, pour leur demander s'ils seraient prêts à faire avec lui un genre d'association de « repentis » qui devraient prendre conscience et faire prendre conscience autour d'eux de leurs responsabilités dans les actes pour lesquels ils avaient été condamnés. Ce mouvement de « repentis » a fait boule de neige avec le temps, dérangeant certains responsables de la prison. Il fut transféré dans un autre établissement carcéral peu de temps après compte tenu du phénomène que sa transformation avait provoqué. Mais dans la prison suivante, Léonard effectua le même travail de regroupement des détenus lors des sorties obligatoires. Il a continué à constituer ces groupes de repentis qui devaient s'entraider les uns et les autres pour mieux supporter les conséquences de leur détention. C'est à présent un mouvement accepté et reconnu par les établissements pénitentiaires, qui ont mis des salles de rencontres à disposition des détenus adhèrant à ces groupes. Le but de ces rencontres est d'aider ceux qui le souhaitent à mieux vivre leur privation de liberté et à évoluer différemment dans une plus grande conscience des choses. Sans doute ce mouvement des « repentis » aide-t-il aussi à maintenir plus de paix dans ces lieux où la violence reste toujours à fleur de peau à la moindre occasion.

L'histoire cependant s'arrête là où Agnès, venue voir Léonard en prison la première fois pour lui donner son pardon, n'a pas eu l'autorisation de lui rendre visite dans la nouvelle prison où il a été transféré. Elle continue de faire démarches sur démarches sans obtenir satisfaction des autorités judiciaires et pénitentiaires... Ces institutions redoutent-elles la répercussion ou les conséquences d'une possible manifestation venue de l'extérieur pour faire libérer Léonard alors qu'il a déjà échappé – pour le moment du moins – à la condamnation à mort... pour une condamnation à vie ? Cet homme a commis un meurtre il y a plus de quinze ans, il n'était alors qu'un adolescent sans conscience et victime de maltraitances sévères. Il n'est plus du tout le même aujourd'hui. Cependant, le jugement des hommes reste implacable même s'il est vrai que le contexte oblige à la rigueur. Le plus important est que sa repentance puisse être un exemple pour ceux qui le rencontreront et qui, grâce à lui, prendront conscience de leurs actes et finiront par trouver en eux-mêmes la voix du cœur.

Cette histoire est très certainement une des plus marquantes dans le sens du Pardon. Mais combien elle est essentielle quant à l'amour auquel le pardon est indissociablement relié ! Il m'a fallu le vivre dans l'accompagnement de ma mère en fin de vie. Et c'est parce que j'ai pu l'entendre dans sa souffrance d'enfant que j'ai pu la comprendre : elle ne pouvait pas m'aimer plus que ce qu'elle avait reçu... J'étais une fille, comme elle, et les filles, dans l'inconscient faussé de son enfance, étaient faites pour servir, obéir, exécuter les travaux de la maison et élever les enfants. Tout ce qui était amusement et frivolité était interdit. Ce fut sans doute la raison de ma dernière gifle, reçue à 18 ans, pour m'être acheté avec ma première paye un bien trop joli manteau. Mais avant même que soit arrivé le temps de sa fin de vie, comme j'ai vite oublié tout cela ! Je suis aujourd'hui certaine que si j'ai pris ma mère avec nous toutes ces années, c'était pour arriver à me faire aimer d'elle. Et j'ai su que c'était fait lorsque, les temps de sa fin arrivant, elle me donna en cadeau la bague de mon père qu'elle portait à son doigt depuis son décès : « Comme ça, tu pourras avoir un peu de papa et un peu de maman avec toi chaque jour de ta vie maintenant. » Je finis dans ses bras en pleurant, ressentant tant d'amour partagé dans cet instant d'éternité, que je n'ai même pas eu de question à me poser sur le pardon que j'aurais pu avoir à lui donner... Il était fait depuis si longtemps ! Depuis le temps des confidences qu'elles m'avaient faites durant les toutes premières années de son séjour chez nous. Parce que j'avais bien sûr compris qu'elle avait toutes les circonstances atténuantes pour avoir été si dure avec moi, ce qu'elle n'avait pas été pour mes frères...

Néanmoins, la gifle de mes 18 ans me propulsa un an plus tard vers le mariage avec le premier homme que je connus, croyant qu'il allait être l'homme de ma vie. J'avais 19 ans, il en avait 21. Je le connaissais depuis l'âge de 17 ans et il était prévu que nous nous marierions après son service militaire qui durait vingt-huit mois à l'époque. Mais cette envie irrépressible de quitter mes parents avait précipité notre décision et nous avons profité d'une permission pour nous marier. Il était encore en Algérie, les troupes françaises étaient en train de quitter ces derniers lieux de guerre, mais cela lui avait permis de s'en échapper durant une semaine que j'avais imaginée idyllique... Hélas, ce fut loin d'être le conte de fées rêvé car, revenant de l'enfer, il ne pouvait pas s'en échapper même par amour : dans ces temps de guerre, les traitements distribués quotidiennement aux soldats, destinés à calmer leurs pulsions naturelles de jeunes hommes, continuaient de faire leur effet bien au-delà des prises, continuant de rendre, durant un certain temps, les hommes impuissants...

À mon époque, les jeunes filles qui ne connaissaient pas « la vie » au sens large du terme étaient qualifiées d'« oies blanches » ! J'en faisais partie, surprotégée par mon père dont j'étais la seule fille, et pas du tout informée par ma mère qui n'aurait jamais abordé un pareil sujet avec ses enfants. Je découvris donc « la vie » avec mon premier mari sous un jour que je n'avais pas envisagé. Hélas, lorsqu'il allait revenir dix mois plus tard à la vie civile, et que nous allions véritablement commencer notre vie de couple, cela n'allait pas s'arranger...

Il m'est difficile de me souvenir de toute cette première partie de ma vie de très jeune femme et je ne tiens pas à dévoiler ici les désenchantements successifs que ce mariage entraîna. Je passerai très vite sur l'annonce de ma grossesse dont il ne voulut pas, me demandant de me faire avorter. J'ignorais alors qu'on pouvait interrompre une grossesse et cela me sembla monstrueux. Ce rejet de notre enfant fut un choc émotionnel tel qu'il m'enleva tout amour à son égard. Je tombai dans une telle dépression qu'il finit par accepter l'enfant... avec la condition qu'il n'en entende pas parler jusqu'à la naissance.

Il n'y a pas si longtemps que j'ai compris qu'il était incapable à cette époque de donner la vie alors qu'il venait de côtoyer de si près la mort...

L'accouchement de mon enfant par le siège fut une épreuve, puis la quitter pour aller travailler en fut une autre, amoindrie néanmoins par la présence de ma mère qui la prit sous son aile... Vingt mois plus tard, je dus enlever ma fille à ma mère qui, la gavant de sucreries, lui avait fait prendre un poids incompatible avec son âge. Je dus la mettre en nourrice chez une personne qu'elle eut beaucoup de mal à accepter. Et la vie

L'amour et le pardon

continua son cours tant mal que bien... Mon mari avait fini par accepter sa fille en tombant dans l'excès inverse, satisfaisant tous ses caprices. Cette attitude eut pour résultat de forger chez notre enfant un caractère colérique dès que l'on n'accédait pas à ses désirs... Elle comprit très vite ce qu'était « diviser pour régner » ! Je n'avais aucune autorité sur elle et elle manifestait ses colères à la moindre occasion, engendrant des disputes dans notre couple, qui n'avait pas besoin de cela pour déjà battre de l'aile ! Néanmoins, j'avais une bonne situation qui nous permettait de vivre correctement malgré la difficulté de mon mari qui n'arrivait pas à se stabiliser dans son travail de chauffagiste. Il avait dû créer sa propre entreprise, laquelle avait du mal à prospérer. Il dépensait le peu qu'il gagnait en sorties, pas toujours avec moi... Il rentrait toujours très tard, prétextant des chantiers qui devaient absolument être livrés dans des délais impératifs. J'appris quelque temps plus tard qu'il avait une aventure, puis d'autres... Un soir, ayant suffisamment de preuves pour le confondre, je le mis devant l'évidence de son infidélité. Mais il me dit que c'était des histoires sans importance, que son seul amour c'était moi, qu'il allait rompre et que ça ne se reproduirait plus. Il se reprenait et restait tranquille quelque temps... pour recommencer ensuite. Chaque fois, il me tenait le même discours et chaque fois je pardonnais, pensant qu'il était malgré tout sincère avec moi, sinon il m'aurait déjà quittée pensais-je ! Le temps passa et, à force de pardons et d'infidélités maintes fois répétées, je finis par demander le divorce ! Je vécus seule durant deux ans... Un homme tenta de vouloir refaire ma vie, mais je ne souhaitais plus m'engager. Ce fut une belle relation qui s'effilocha jusqu'à ce que le père de ma fille revienne à la charge vers moi. Il me donna comme argument convaincant qu'il avait maintenant atteint 30 ans et qu'en deux ans de célibat, il avait eu le temps de finir sa crise d'adolescent attardé, selon ses propres termes. Il me demanda de lui accorder une seconde chance pour que je puisse voir combien maintenant il avait changé. J'acceptai me disant que ce serait mieux pour notre fille, et aussi parce que je souhaitais encore croire en lui… L'embellie dura cinq ans. J'appris sa nouvelle trahison directement de lui, parce qu'il avait contracté une MST[1]. Il voulait savoir si je n'en avais pas les symptômes… Par bonheur ce n'était pas le cas, mais ce fut le point final de notre vie commune. Quelques mois plus tard, après la mort de mon père, je partais dans les montagnes avec ma fille pour guérir de ces nombreuses blessures… À cette époque, je n'avais pas vraiment de rancœur contre lui, plutôt de la colère de m'être laissée ainsi traiter, gruger, presque souiller, à peu de chose près… Il allait me falloir du temps avant de pouvoir oublier et pardonner, ce qui à l'époque me semblait tout à fait improbable.

Notre fille allait passer chaque année un mois de vacances avec lui en Dordogne où il s'était installé. Il avait refait sa vie avec une jeune femme de la région et était à nouveau père d'une petite fille. Quelque temps plus tard, je reçus un coup de fil de cette personne, regrettant de ne pas m'avoir contactée plus tôt pour que je lui explique quelle avait été ma vie avec lui, car il se comportait avec elle de la même façon qu'avec moi. Elle dormait souvent seule la nuit avec sa petite, dans une maison de campagne isolée où elle ne se sentait pas en sécurité. Que pouvais-je lui dire ? Que c'était un malade pervers et qu'il ne changerait pas ? Je ne l'ai pas fait. Je n'ai pu que la plaindre avec compassion.

Quand notre fille eut 14 ans, elle cessa d'aller voir son père en vacances car elle était généralement chargée aussi bien de s'occuper de laver le linge de l'enfant que de charger des brouettes de tuiles pour refaire la toiture de la maison… Elle ne se sentait pas à sa place dans la nouvelle vie de son père, et je ne la forçai

---

1. MST : maladie sexuellement transmissible.

L'amour et le pardon

pas non plus à aller le voir, d'autant qu'il ne versait aucune pension alimentaire pour elle.

Nous n'eûmes plus de ses nouvelles jusqu'aux 20 ans de ma fille. C'est par acte notarié en recherche d'héritiers qu'elle reçut l'annonce de la mort de son père dans un accident de voiture. Il venait d'avoir 42 ans. Il avait entraîné dans sa mort une jeune femme – qui n'était pas la mère de ses enfants (il y avait eu la naissance d'un garçon entre-temps), et il laissait malgré tout une part d'héritage à notre fille.

J'appris cette nouvelle sans émotion. L'amour que j'avais eu pour lui n'existait plus depuis longtemps. Il avait cessé d'être dans mes pensées, et si j'avais calmé ma colère à son endroit, je n'avais pas non plus de rancune. J'eus cependant une pensée compatissante pour lui, mais il était mort comme il avait vécu : trop vite et toujours accompagné de ses démons. Le pardon que j'aurais dû lui accorder à ce moment précis de son départ dans l'au-delà ne m'effleura même pas. Je ne savais pas qu'il me faudrait le faire, ou plutôt « le vivre », vingt ans plus tard...

C'est à l'âge de 60 ans, après mon infarctus, que je me formai à la Psychophanie ou Communication profonde. J'appris à cette époque combien le vécu de l'enfance était important dans le déroulement de la vie d'un être humain. Je l'avais déjà bien compris par rapport à ma mère que j'avais écoutée attentivement lorsqu'elle me racontait ses souvenirs d'enfant. Mais grâce à cette formation, j'en avais des explications claires, schémas du cerveau et du système limbique à l'appui, avec toutes les retombées psychologiques qu'entraîne chaque émotion que n'arrive pas à décoder l'enfant. Son cortex cérébral n'est pas encore suffisamment développé pour une compréhension logique des événements qui ont pu lui arriver. Et ses peurs accumulées, ses manques, ses besoins non satisfaits, sont autant de barrières qu'il se sera créées sans avoir pu s'en libérer jusqu'à l'âge adulte. Cependant, pour avancer dans sa vie, il devra impérativement dépasser ces barrières et reconnaître où elles ont pris leurs racines. C'est le rôle de la Communication profonde qui permet d'aller chercher dans l'inconscient les blocages survenus lors d'événements de l'enfance et qui ont permis que ces barrières se mettent en place.

Ce fut un matin au réveil, alors que j'étais dans ma salle de bains en train de me préparer devant la glace que soudain, l'évidence de ce qu'avait été l'enfance du père de ma fille m'éclata au visage ! Je compris comme en un éclair qu'il ne pouvait pas être différent, qu'il n'aurait pas pu être autrement ! Une immense vague de compassion remplit alors mon cœur, en même temps qu'une bouffée d'amour inconditionnel jaillit de mon âme vers la sienne. Les larmes me montèrent aux yeux. Toute son histoire me revenait d'un seul coup à la mémoire, cette histoire que j'avais apprise vers l'âge de 25 ans du médecin de la famille qui, lui-même, la tenait de la bouche même de la mère de mon ex-mari…

Il était né durant la dernière guerre en Normandie, à la fin de juillet 1940, d'une mère écossaise et de père inconnu. Cette mère écossaise était arrivée en France on ne sait comment. Elle ne parlait pas un mot de français. Avait-elle été chassée de son village natal parce qu'elle avait été mise enceinte, où s'était-elle fait violer en arrivant en France et par qui ? L'histoire ne le dit pas. Elle est restée un mystère même pour le médecin qui m'a transmis ces renseignements. Après la naissance de son enfant, on ne sait pas exactement de quelle façon la mère était arrivée à Paris. Elle y rencontra un émigré russe, cuisinier de son métier. Il la prit sous son aile et adopta officiellement l'enfant qu'elle avait mis au monde. Ils vécurent dans la précarité sur le salaire de cet homme qui avait un grand cœur, mais aussi un gros défaut : il buvait plus que de raison et son métier

L'amour et le pardon

n'arrangeait pas les choses, même si cela leur permettait malgré tout de manger. Quatre autres enfants naquirent par la suite de l'union de ces deux êtres blessés par la vie, étrangers sur une terre étrangère, ne parlant ni l'un ni l'autre la langue de ce pays d'accueil, pays en guerre au moment de leur rencontre.

Lorsque je connus celui qui allait être mon futur mari, il allait avoir 20 ans. J'étais sortie un dimanche après-midi avec une de mes amies qui voulait aller danser dans un petit bal à proximité du bois de Vincennes. Il était déjà près de six heures du soir et le bal allait se terminer quand il se dirigea vers moi pour m'inviter à la dernière danse. Il était charmant et charmeur, bien habillé, beau parleur et mes 17 ans n'y résistèrent pas. Il me dit qu'il partait faire son service militaire deux mois plus tard. Je me souviens qu'il avait été fier de me montrer sa carte d'identité sur laquelle il était noté « apatride », en me disant que le fait d'aller « faire son armée » lui donnerait la nationalité française. Nous nous fréquentions depuis près d'un an lorsqu'il m'invita la première fois chez lui pour rencontrer sa famille. Il me prévint que ce n'était pas vraiment le luxe, mais de là à imaginer l'appartement étroit et insalubre dans lequel ils vivaient à sept personnes, cela m'était impossible. Nous étions en 1960 et ce genre de construction existait encore ! Le bâtiment se trouvait dans une ruelle, à la limite d'un terrain de sport désaffecté qui avait repris l'aspect d'un terrain vague. Les escaliers qui menaient au deuxième étage où se trouvait le logement étaient en bois vermoulu. Depuis les toilettes situées sur le palier se dégageait une odeur âcre d'ammoniaque. Cet espace intime servait à deux ou trois familles. Combien fallait-il que je l'aime pour ne pas repartir de là en courant ! Ma première pensée, quand j'arrivai sur place, fut de « le sortir de ce taudis ». Je l'en sortis, mais quel en fut le prix…

Tout ce que je viens de décrire me revint à l'esprit en un éclair ce matin-là, dans l'instant qui suivit mon réveil ! Ce fut

N'ayez plus peur de la mort

comme un film se déroulant en quelques secondes dans ma pensée. Je pris soudainement conscience de tout son vécu... Comment son éducation aurait-elle pu se faire dans un pareil milieu ? Comment aurait-il pu évoluer autrement ? D'ailleurs ses frères et sœurs ne s'en étaient pas sortis indemnes non plus... Ils avaient tous été élevés dans la rue ! Je voyais de façon lucide que l'enfant qu'il avait dû être avait été élevé dans un environnement toxique qui ne lui avait pas permis de se comporter autrement que ce qu'il était. Il m'avait fallu quarante ans pour le comprendre et dix secondes pour le réaliser...

Dès cet instant, je lui pardonnai totalement et entièrement tout ce qu'il m'avait fait vivre de difficile, à moi comme à notre fille.

Ce pardon s'est accompli en un instant, allégeant ma vie d'un poids dont je ne m'étais jamais rendu compte. J'ose espérer que de la même façon, son âme a pu s'alléger et se libérer pour monter plus haut dans la Lumière. La libération des âmes par le pardon lorsque l'amour inconditionnel triomphe même de l'oubli – un oubli tel un voile pour dissimuler les épreuves du passé –, est alors une véritable bénédiction ! Le pardon demande à être « donné » en conscience mais il ne peut s'accomplir que si l'on se laisse conduire sur le chemin de la compassion et de la compréhension. On ne peut pas pardonner par de simples mots vides de sens : pour pardonner il faut d'abord comprendre celui qui nous a fait du tort. Au-delà des épreuves vécues, que savons-nous du rôle que l'âme du « bourreau » a accepté d'endosser pour nous amener sur le chemin de notre propre évolution ? N'avais-je pas moi-même à lui demander pardon d'avoir été aussi aveugle jusqu'à ce jour à ses propres souffrances existentielles ? L'évolution de chacun passe inévitablement par le pardon et par l'Amour inconditionnel dans toute vie terrestre, à un moment ou à un autre. Aujourd'hui, je remercie le Ciel de m'avoir permis de rencontrer cet homme, je devrais dire

L'amour et le pardon

cette âme sur mon chemin pour parfaire cette grande leçon de détachement qui découle directement de ce lien « bourreau-victime », qui existe parfois depuis de nombreuses vies.

Sans le pardon, nous restons dans l'attachement aux personnes et aux événements et cela a pour effet de nous faire revenir encore et encore sur Terre pour régler à nouveau les mêmes problèmes. Nous ne pourrons nous élever dans la Lumière sans avoir dénoué tous nos attachements, qu'ils soient positifs ou négatifs, car ce sont ces liens qui nous contraignent aux réincarnations. Avant de quitter la Terre, vérifions que nous sommes bien détachés de tout lien avec toute personne qui nous aurait porté préjudice – à commencer par nous-mêmes – ou à toute personne avec laquelle nous avons tissé des liens affectifs de dépendance. Ces liens de dépendance affective sont la plupart du temps reliés à l'ego dont il faudra aussi nous débarrasser. Car l'ego est étroitement relié au corps physique et nous retiendra à la Terre tant que nous continuerons à nous identifier en tant qu'individualité (ce que nous appelons la « persona », c'est-à-dire « le masque » en terme psychologique) plutôt qu'à l'Être de Lumière que nous sommes tous avant d'être ce corps physique.

Cela nous ramène au commandement du Christ : « Aime ton prochain comme toi-même. » On pourrait dire aussi : « pardonne à ton prochain comme à toi-même »… Sommes-nous capables aussi de nous pardonner ? Il est sans doute plus facile d'oublier le mal qu'on se fait à soi-même, mais sommes-nous toujours conscients de celui qu'on a pu faire aux autres ?…

Souvenons-nous qu'au-delà de toute personnalité, de toute individualité, l'autre, le prochain est aussi un autre nous-mêmes, et que nous ne sommes pas conçus différemment de lui. Nous sommes *lui* dans la même constitution tri-unitaire, corps-âme-esprit, nous sommes *lui* également parce que, quel que soit notre niveau d'évolution, un jour, peut-être dans une autre existence, nous avons été au même niveau d'évolution que *lui* et avons pu vivre aussi ce qu'il a vécu…

L'individualité (ego), nécessaire pour mener au mieux notre vie sur Terre parmi les autres, considère notre intérêt personnel et notre bien-être en premier lieu. L'individuation[2] vers laquelle nous devons tendre prend en compte l'intérêt du plus grand nombre et ne ramène pas tout à notre seul profit. Cela aussi fait partie de l'Amour inconditionnel qui doit nous faire comprendre que nous faisons partie du Tout, que nous sommes une partie de ce Tout, de cette Humanité, et que notre destination est et doit rester notre Retour à l'Unité dans l'Amour de la Source. Difficile travail ! C'est pourquoi il y faut plusieurs vies !

Pour conclure, je voudrais juste renvoyer le lecteur à son début, où je mentionnais les films splendides de Yann Arthus-Bertrand. Prenez le temps de visualiser ces deux films : *Home* et *Human*[3]. Vous ne serez plus Pierre, Jacques ou François, Sophie, Mireille ou Jeanne… Nous avons déjà été et nous sommes encore toutes ces vies et tous ces visages dans l'Amour infini de la Source qui nous a créés. En vérité, nous sommes UNE Humanité solidaire sur cette Terre, et UNE Conscience de Vie Spirituelle sur les plans de l'Au-delà. Rappelons-nous d'où nous venons…

---

2. L'individuation conduit à une maturité toujours plus grande et incite à tenir compte de l'intérêt collectif.
3. *Home* et *Human* : visualisation intégrale de ces films sur Internet.

Où commence le Ciel ?

> « L'espace sans espace est l'éternelle Vie,
> et ce n'est ni anéantissement, ni vide,
> mais Vie, vibration intense, accomplissement.
> Quelque part bat le cœur de Dieu,
> et nous tous vibrons avec lui.
> La vibration fine rejoint la plus dense.
> Si l'enchaînement est continu, il n'y a plus de mort. »
> – Gitta Mallasz, *Dialogues avec l'ange* – E58-292

Où commence le Ciel ? Si vous posez cette question autour de vous, bien des personnes vous regarderont interloquées, d'autres regarderont en l'air comme si la réponse était en évidence au-dessus d'eux, d'autres ayant une vue plus spirituelle pourront vous montrer leur cœur, d'autres enfin vous diront « je ne sais pas » ! Pourtant c'est une question si simple qu'on n'a pas l'idée que la réponse est sous nos yeux ! Lorsqu'on me l'a posée, je me suis baissée et j'ai touché le sol. Car oui, le Ciel commence au ras de la Terre ! Donc, nous sommes déjà tous dans le Ciel ! Les astronautes qui regardent notre planète bleue depuis leur vaisseau spatial ne se seraient sans doute pas laissé surprendre non plus par la question ! Car ils ont eu sous leurs yeux ce spectacle magnifique de la Terre vue du Ciel et ils ont pu constater que l'une et l'autre sont UN, la Terre flottant dans l'immensité de l'espace... Edgar Mitchell[1] en fut bouleversé : « En un moment d'extase, la présence du divin devint presque palpable et je sus que la vie dans l'Univers n'était pas seulement un accident des mécanismes du hasard »... Un tel ressenti de la part d'un homme versé dans la haute technologie et la science ne peut qu'ébranler les certitudes des chercheurs qui ne croient qu'en ce qu'ils voient, c'est-à-dire la matière physique...

Ce Ciel sans limite, dont nous avons l'habitude de dire qu'il est l'endroit où s'en vont nos défunts (surtout pour les enfants), est faussement nommé « là-Haut » par contraste avec la Terre qui est « en bas ». Le Ciel est *déjà* ici et maintenant, aussi proche de la Terre que sont les plans de l'Au-delà pourtant invisibles à nos yeux. C'est d'ailleurs bien pour cette raison que cet *espace sans temps* invisible est appelé « au-delà » de nos perceptions terrestres. Il est difficile pour notre intellect limité de concevoir cette présentation des mondes de l'au-delà que l'on dit aussi « parallèles », et pourtant ils ne sont pas plus éloignés de la Terre que ce Ciel infini qui contient tout l'Univers avec ses milliards d'étoiles, de planètes et de galaxies ! Ce n'est que l'illusion d'une distance *inexistante* dans le non-espace-temps qui nous fait penser que nous sommes séparés de nos proches disparus. Il n'y a pas plus de séparation entre notre monde de matière dense contenu dans l'espace-temps et ces plans de l'Au-delà appartenant à un monde sans espace ni temps, qu'il n'y en a entre le Ciel et la Terre. Il n'y a qu'une différence de

---

1. Edgar Mitchell : astronaute américain ayant fait partie de la mission Apollo 14 en 1971. Pilote du module lunaire *Antares* (le LEM), Edgar Mitchell est le sixième homme à avoir posé le pied sur la Lune. En 1973, il fonde l'Institute of Noetic Sciences (IONS) pour conduire et sponsoriser des recherches dans les domaines de la *conscience* et des *événements psychiques*. Il décède en 2016 à l'âge de 85 ans.

fréquences vibratoires qui les distinguent les uns des autres et qui rend ces autres mondes invisibles aux yeux de notre corps physique, celui-ci vibrant selon les fréquences vibratoires qui correspondent à celles de la Terre.

Les personnes douées de médiumnité qui peuvent entrer en contact avec les défunts, les voir ou même les entendre ou les recevoir par télépathie, sont capables d'ajuster leurs propres fréquences vibratoires à celles des âmes vivant sur ces autres plans qu'elles peuvent contacter grâce à leur extrême sensitivité.

Lorsque j'eus ma première expérience de changement de plan, cela ne put se faire que parce que ma fréquence vibratoire s'était élevée au point de rencontre des âmes que j'avais pu *voir et toucher véritablement* sur le plan où elles se trouvaient. Sans doute la longue conversation que nous avions eue avec la personne qui avait demandé du secours, avait eu comme résultat d'élever ma fréquence vibratoire par mon intense intention d'aider au cours de cet échange spirituel profond. Ce qui s'était passé ensuite dans la nuit, avec l'expérience de l'apparition de Jeanine et du petit garçon, avait pu se faire grâce à la présence bienveillante de cet Être, que j'appellerai mon « Guide de Lumière ». Lui-même avait descendu ses propres fréquences de façon à pouvoir accompagner ce « contact » entre notre plan terrestre et ce plan de l'au-delà. Je pense que ce contact, plus qu'une expérience, a été un enseignement spirituel de la part de ce Guide pour que je puisse me rendre compte qu'un tel contact m'était possible. Avec le recul, je comprends que cette leçon devait m'être utile pour l'avenir afin d'accueillir sans crainte le travail que j'aurais à faire plus tard, relevant de cette médiumnité qu'il me faudrait accepter pour aider ceux qui en auraient besoin.

Lors de ma seconde expérience spirituelle, lorsque je me suis trouvée interpellée par mon prénom dans un « rêve » par la Voix qui m'annonçait la naissance de notre fils, je me trouvais aussi dans un plan qu'on pourrait qualifier de « céleste » tant l'espace dans lequel je me trouvais était sans limite et vide de toute forme matérielle. Cette fois, aucun autre phénomène que cette magnifique couleur orange dans laquelle je baignais… J'en expérimentais l'espace vide et sans limite et la Lumière irradiante. Et puis il y eut cette Voix semblant venir de très Haut – ou de très Loin –, cette Voix à la fois aimante et protectrice, cette Voix si puissante pour me transmettre son message qu'elle me fit sortir instantanément de ce rêve… qui pourtant n'en fut pas un : la présence de Jonathan sur cette Terre en est la preuve ! Là encore, l'annonce qui m'a été faite provenait d'un plan de l'Au-delà que mes fréquences vibratoires ne pouvaient recevoir que dans le sommeil, au moment où l'âme quitte le corps physique pour aller sur le plan où peut se faire un tel contact avec les hautes vibrations. Dans mon corps de matière et à l'état de veille, je n'aurais pas pu entendre cette annonce en raison de la limite imposée à mes sens du fait de ma densité terrestre.

Après ces deux expériences hors du commun, je pouvais m'attendre à ce que les événements les plus importants de ma vie se présentent sous forme de connexions avec les mondes de l'Au-delà de cette façon toute particulière. Je pense que dès ce moment, spontanément, je créai alors comme un pont subtil entre ces mondes et moi, me sentant toujours accompagnée à chaque étape de mon futur chemin.

C'est lorsque ma mère arriva dans notre maison que je commençai à véritablement tenter ces contacts avec « le Haut », avec le Ciel, de façon rapprochée. Je commençai par l'écriture automatique. J'en avais entendu parler et cela m'intrigua suffisamment pour que je lise des ouvrages sur cette méthode de communication avec les défunts. Comme je l'ai déjà mentionné plus haut, l'accueil de ma mère chez nous n'a pas été simple et je me sentais parfois si découragée de ses plaintes et de son caractère autoritaire que j'appelais à l'aide mes Guides… et mon père.

À l'époque, ne sachant que faire pour obtenir des réponses de mes Guides, je me mis à tenter l'écriture automatique avec ce dernier. Un soir tard, après que Jonathan et mon mari se furent endormis, je disposai sur la table de la salle à manger une photo de papa avec au dos sa date de naissance et sa date de décès (il était parti de l'autre côté du voile depuis plus de vingt ans) à côté de laquelle j'allumai une bougie. Puis je pris un crayon et une feuille de papier, et je pris la position recommandée, le crayon bien droit, attendant qu'il s'active par lui-même... Je priais et je demandais en même temps à mon père de m'envoyer un petit mot d'encouragement pour que je puisse assumer ma tâche vis-à-vis de ma mère. Au bout d'un temps, que je n'évaluai pas mais qui me sembla assez long, ma main se mit à bouger sur la feuille très lentement... J'accompagnai son déplacement à sa vitesse, découvrant au fur et à mesure des lettres qui se formaient une à une, s'enchaînaient, formant des mots qui me semblaient sans signification. En fait, ces mots apparaissaient mais sans coupure intermédiaire, ce qui rendait illisible sur le moment ce qui s'écrivait. Au bout d'environ vingt minutes, je finis par poser le crayon qui ne bougeait plus et qui avait réussi à écrire en travers de la page ces mots attachés les uns aux autres : « mercimagrandeâme ». Quelles ne furent ma surprise et mon émotion de lire cette courte phrase que j'avais mis si longtemps à transcrire... Cette réponse me mit les larmes aux yeux et je remerciai mon père d'avoir pu abaisser ses fréquences vibratoires jusqu'à moi, car je ne doutais pas un instant de l'authenticité de sa présence lors de cette tentative.

Dès ce moment, je décidai de ne plus déranger mon père de cette façon-là juste pour avoir un peu de réconfort. En dehors de la joie que j'avais eue de recevoir ce court message, je me dis que cela avait dû lui demander un réel effort de matérialiser ces mots avec le crayon. Quant à moi, je sentais aussi que cela m'avait demandé beaucoup d'énergie pour le temps passé à les recevoir.

Dès lors, lorsque j'eus des difficultés avec ma mère, je décidai de passer directement par les Guides en leur posant ma question par écrit sur un bloc de papier. Une fois la question écrite, je laissais le bloc de papier à portée de main, priant pour avoir une réponse à ma demande. Très peu de temps après, j'étais prise d'une envie d'écrire irrépressible. Je revenais devant le bloc et je me mettais à écrire sans m'arrêter les phrases qui venaient, les unes derrière les autres, m'expliquant et me rassérénant tout à la fois, affirmant leur Présence et m'assurant de leur aide. Quel étonnement et quelle joie de recevoir cela – parfois plus d'une page d'écriture ! Je les savais présents et ne me sentais jamais seule dans les moments encore difficiles que j'avais à vivre auprès de ma mère, moments qui d'ailleurs allaient s'estomper avec le temps.

Je n'ai jamais abusé de ce genre de contacts durant la période pendant laquelle j'ai dû l'accompagner. Mais je me sentais accompagnée moi-même quand j'en avais besoin. J'ai dû renouveler cette expérience quatre ou cinq fois durant les six années où elle s'est trouvée dans notre foyer et j'ai toujours eu des réponses de leur part. Quant à mon père, je ne le recontactai plus, excepté une fois, alors que je devais changer une énième fois les draps de ma mère qui s'était une fois de plus oubliée dans son lit. Je lui envoyai une pensée de détresse et je reçus, « *dans ma tête* » cette fois, ces trois mots dont il me gratifiait lorsque j'étais enfant : « *mon petit lapin !* » avec tellement d'amour que mes larmes coulèrent toutes seules... Il était présent !

Quelques années plus tard, après que maman eut quitté cette Terre et que je me formais à la Psychophanie (ou Communication profonde), j'allais développer ce don de médiumnité de façon plus intense et favoriser ces contacts avec les Guides ainsi qu'avec les personnes défuntes qui se manifestèrent très rapidement à moi par l'intermédiaire de ce clavier qui était devenu mon outil de travail.

Entendons-nous tout de même sur les termes de « favoriser ces contacts » : oui en ce qui concernait les Guides qui passaient par mon canal pour l'accompagnement de certaines personnes en mal-être et dont l'avancée spirituelle le permettait. Mais c'était toujours à la demande de la personne, en aucun cas de ma propre initiative. Il en fut de même en ce qui concernait les défunts. C'était toujours à la demande de la personne en deuil qui venait me voir que j'acceptais – ou non – d'établir ce contact que j'appelais une « Méta-connexion ». Je n'accédais à la demande de contact avec un défunt qu'au cas par cas et selon un protocole que j'avais établi moi-même. En premier lieu, je demandais toujours à mes Guides leur autorisation, car le contact n'était pas toujours possible. Généralement l'impossibilité avait pour raison la date trop récente du départ de la personne décédée. En effet, selon les croyances de celle-ci durant son séjour terrestre, son avancée spirituelle ou la maladie dont elle était partie, un délai de trois à six mois était nécessaire avant qu'elle puisse se manifester depuis l'Au-delà. Car bien que ces mondes soient dans le non-espace-temps, les âmes qui s'y trouvent ne sont pas toujours prêtes, loin de là, à comprendre ce qu'il leur arrive et à reconnaître qu'elles ne font plus partie des vivants sur la Terre. D'autre part, lorsque les personnes sont décédées d'une grave maladie ayant dû nécessiter des traitements chimiques ou de la morphine, ces produits touchent les fréquences vibratoires de l'âme. Dans ce cas, le décès a lieu dans la confusion que produisent ces traitements chimiques et l'âme ne se trouve plus en capacité de prendre conscience sur ces plans où elle doit être prise en charge par des Guides spécialisés dans la régénération des âmes. Enfin, pour des cas plus dramatiques tels que l'accident ou le suicide, il ne m'était pratiquement jamais possible d'atteindre les âmes de ces personnes dans l'immédiat, surtout si la personne n'avait eu de son vivant aucune connaissance de la survie de l'âme dans l'après-vie. Dans certains cas, il m'était autorisé de joindre les Guides de ces personnes qui pouvaient alors me donner des nouvelles de leur arrivée dans les mondes « d'à côté ». Mais souvent, je devais demander à la personne en deuil de revenir plus tard lorsque le défunt aurait pris conscience qu'il ne faisait plus partie de ce plan terrestre.

N'ayez plus peur de la mort

Il est bon de se rappeler que nous créons les conditions de notre propre vie ici sur Terre, par nos prises de décisions, nos choix, mais aussi nos pensées. Lorsque la personne meurt, elle n'est guère différente de ce qu'elle était avant de décéder, surtout lorsque la mort est intervenue brutalement. C'est ainsi qu'une personne qui n'a jamais entendu parler d'un « au-delà de la vie » peut continuer à vivre de l'autre côté comme si elle était encore vivante sur Terre. Comme elle ne connaît que ce monde et son environnement personnel, elle va continuer à agir comme du temps de son vivant, car ses fréquences vibratoires ne s'étant pas élevées, elle continue de voir le plan de matière dense où sont sa famille, ses amis, son environnement professionnel... Certains défunts continuent même à prendre le train et le métro pour se rendre à leur travail, sans comprendre pourquoi on ne les regarde pas, on ne leur parle pas, on ne répond pas à leurs questions ni pourquoi on a pris leur place à leur bureau... Cela est certes très déstabilisant pour l'âme qui vit cela, d'autant que n'étant plus dans l'espace-temps de la terre, ce mode de vie peut durer indéfiniment... À force de vivre ces frustrations, elle finira par comprendre qu'elle n'existe plus aux yeux du monde tel qu'elle le connaissait et acceptera ce nouvel état dans lequel elle se trouve. Dès lors, elle pourra voir s'éclairer dans son environnement un endroit vers lequel elle se sentira attirée comme par un aimant et pourra comprendre qu'elle est passée de l'autre côté du voile qui la rendait invisible à son entourage. Alors elle rencontrera la Présence Lumineuse et remplie d'Amour de son Guide qui lui fera comprendre la nouvelle vie dans laquelle elle se trouve. Elle pourra le suivre et arrivera sur le plan qui correspondra à son niveau d'évolution spirituelle, y retrouvant des êtres chers, parents ou amis décédés avant elle et qui seront là pour l'accueillir. Ceci dans le meilleur des cas, notamment en cas de mort accidentelle.

En tout état de cause, lorsqu'il est question de niveau spirituel pour quelqu'un qui n'a pas eu forcément, dans sa vie terrestre, une instruction religieuse à proprement parler, ou qui n'a jamais fait de démarche personnelle sur le plan spirituel, la Lumière l'accueillera avec tout autant d'Amour que toute autre âme rejoignant les mondes de l'Au-delà. Le plan sur lequel cette âme se retrouvera sera conforme à ses fréquences vibratoires, tenant compte des actes positifs et négatifs qu'elle aura accomplis durant sa vie terrestre, ainsi que de son désir d'avancer dans la compréhension de ce monde qu'elle découvrira – ou plutôt qu'elle redécouvrira – car elle se souviendra alors de ce «Pays d'après» où elle avait déjà séjourné avant sa précédente incarnation... Car il est redonné à chacun toute la Connaissance disponible dans ces mondes dès le moment où l'âme revient à sa Source.

Les personnes qui décèdent alors qu'elles ont toujours cru que la mort était le néant vont bien sûr s'y retrouver. Ce sera donc un espace noir et sans limite dans lequel ces êtres seront plongés. Comme je le disais plus haut, nos choix, nos décisions et nos pensées sont créatrices de notre vie dans le monde matériel où nous sommes durant notre incarnation terrestre. Celui qui pense que le néant suit la mort se retrouvera dans ce néant qu'il aura créé et perpétué dans l'au-delà, par sa pensée créatrice, du temps de sa vie sur Terre. Cependant dans ce noir absolu, dans ce non-espace-temps où il séjournera, il y aura obligatoirement *un moment* où il s'apercevra qu'*il pense*! Dès lors, l'âme aspirera à sortir de ce néant et la conscience d'une existence différente lui permettra d'apercevoir au loin, dans ce tunnel où elle s'était perdu, cette Lumière qui l'attirera irrésistiblement... Alors elle pourra entreprendre de nouveau ce chemin qui la ramènera vers l'Amour inconditionnel de la Source où elle sera accueilli de la même façon que toutes les âmes qui reviennent dans leur Patrie d'origine... pour en repartir plus tard vers une nouvelle incarnation, après avoir séjourné sur le plan vibratoire correspondant à leur niveau de conscience.

Pour ce qui concerne les personnes qui sont décédées à la suite d'un «départ volontaire», le voyage différera selon les causes et les conditions qui les auront poussées à cet acte. J'ai déjà parlé dans ce livre et dans mon précédent de ma tentative de suicide. Mis à part les causes du désespoir insurmontable dans lequel je me trouvais à cette époque, cette décision était une prière, un « appel à Dieu » que je savais Tout Amour et capable d'entendre cet acte comme une demande d'autorisation à Lui revenir… Je savais cependant au fond de moi que ce que je faisais était « contre-nature ». Je savais aussi que je devrais en assumer les conséquences. Mais confiante en l'Amour inconditionnel de Dieu, je décidai de partir, sachant fort bien qu'il me faudrait revenir. Je priai profondément et Lui en demandai pardon à l'avance. C'était comme si j'avais demandé de faire un aller-retour à ma Source en quelque sorte, afin de reprendre des forces pour une nouvelle vie dont je pensais qu'elle serait mieux choisie… C'était une erreur. Car le fait de ne pouvoir surmonter une épreuve – que l'on s'est choisie avant de venir sur Terre – et de prendre la solution de facilité d'y échapper en quittant la vie terrestre plus tôt que prévu, nous fera retrouver cette épreuve dans une prochaine vie de la même façon, et peut-être dans des conditions plus pénibles encore. Cela, je l'ignorais à l'époque !

Vu de la Lumière, mon acte a dû provoquer un branle-bas de combat chez mes Guides qui durent mettre tout en œuvre pour me tirer de cette fausse conception de la vie terrestre ! Même si j'ai réussi à descendre dans des bas-fonds que je ne voudrais absolument pas retrouver, la protection fut suffisante pour me retrouver à l'hôpital dont je suis sortie « ressuscitée » quarante-huit heures plus tard ! Avais-je à vivre aussi cela pour me permettre plus tard de mieux comprendre ceux qui agissent de la sorte et ne pas les condamner d'emblée pour leur acte irréfléchi, accompli dans un moment de désespérance ?

Il fut un temps, pas si lointain, où les suicidés étaient exclus des églises et n'avaient pas droit à une cérémonie d'inhumation.

Au Moyen Âge, on leur refusait même le cimetière et on les enterrait en cachette pour ne pas attirer des pensées de malédiction sur les familles qui avaient le malheur d'avoir eu un suicidé parmi elles. Aujourd'hui, heureusement, on n'en est plus là, mais le suicide d'une personne reste une plaie ouverte dans le cœur de ceux qui n'ont pas compris le geste d'un enfant, d'un frère ou d'un parent et qui sont souvent inconsolables, se culpabilisant de n'avoir pas vu le drame arriver… C'est pourquoi il est très important de ne pas fermer la porte à ceux qui viennent nous demander de l'aide pour accompagner un tel départ. Et nous ne pouvons le faire que dans la mesure où nous connaissons un minimum d'informations sur ces plans de l'au-delà où, néanmoins, toute âme est accueillie avec Amour, quelle que soit la façon dont elle y est arrivée. Généralement, la personne qui aura fait ce geste dans un moment de total désespoir croit qu'en mettant fin à sa vie, elle mettra également un terme à sa souffrance ou à son désespoir. Malheureusement, elle va vite s'apercevoir qu'il n'en est rien et que la souffrance est toujours présente. Il faudra alors qu'elle comprenne qu'elle est passée dans cet « au-delà de la vie » où elle va devoir trouver une autre solution à son désespoir. Les prières de sa famille et de son entourage peuvent grandement l'aider à rechercher la Lumière qui sera toujours là pour l'accueillir en tout Amour et sans jugement, quel que soit son geste. Mais si personne n'accompagne cette âme vers la Lumière, elle peut rester longtemps dans les couloirs sombres de son chagrin et de sa solitude, dans une souffrance encore plus grande… C'est pourquoi ces âmes en tourment ont vraiment besoin de prières et du pardon des êtres chers restés sur Terre dans l'incompréhension de leur geste. C'est le seul moyen pour elles de comprendre leur erreur et de s'en repentir pour s'élever hors des bas-plans où elles vont se retrouver, dans ce qu'on appelle « l'en deçà ». Elles comprendront alors l'erreur due à leur ignorance de cette *après-vie* et pourront enfin élever un tant soit peu leurs fréquences vibratoires jusqu'à s'apercevoir qu'une Lumière les attire au loin, hors de la confusion de leurs sentiments. Elles se dirigeront dans cette direction et y trouveront leurs Guides de Lumière...

Une telle âme devra cependant retourner rapidement sur la Terre et avancer dans sa prochaine vie jusqu'à l'obstacle qu'elle n'avait pas réussi à dépasser. Auparavant et dans la mesure où elle aura compris l'inanité de son geste, elle aura pu recevoir, comme toute âme, l'aide de ses Guides pour l'enseigner et lui donner la force de « redoubler » la vie qu'elle n'avait pu mener jusqu'à son terme naturel et prévu par elle-même.

Ma tâche fut de tenir ce rôle d'accompagnante jusqu'à l'après-vie pour toute personne en souffrance, soit en raison de la perte d'un être cher, soit pour sa propre fin de vie. Dans le cadre de cette activité, je fus amenée à recevoir en consultation des parents d'enfants qui avaient devancé l'adieu par un départ volontaire. C'est de loin la tâche la plus difficile qu'il m'ait été demandé de faire. Mais dans la mesure où j'avais cette capacité d'entrer en contact avec les âmes, qu'elles soient présentes à travers la personne en demande d'aide, en face de moi, ou déjà dans l'au-delà et partie précipitamment, j'ai accédé, autant qu'il m'a été donné l'autorisation de le faire, à ces êtres qui n'ont pas eu la force de continuer à espérer en une vie devenue désespérante. N'avais-je pas été un peu des leurs dans ma propre tentative ?

De façon à témoigner de la possibilité qu'a toujours l'âme d'émerger des souffrances qui l'ont conduite à mettre fin à sa vie, je reproduis ici le contact que j'ai eu il y a déjà quelques années avec N., un jeune garçon ayant fait un départ volontaire à l'âge de 18 ans. Sa maman était venue me voir environ un mois et demi après son décès. Faisant partie de l'association Infinitude[2],

---

2. Association Infinitude : association créée en 1992 par Jacques et Monique Blanc-Garin qui sont venus en aide à ceux qui avaient perdu un proche et souhaitaient entrer en communication avec lui grâce à la TransCommunication Instrumentale (ou TCI).

elle avait déjà fait un grand chemin spirituel avant même que son fils ne parte. Le travail de libération émotionnelle avait néanmoins été indispensable, pour elle autant que pour le papa. Avec le temps et le soutien de la Communication profonde que nous avons pratiquée, le choc d'une telle fin s'estompait progressivement, bien que la douleur de la séparation restât, elle, encore bien vivante. Bien entendu, et malgré le souhait de la maman, je ne pus pas obtenir de nouvelles de leur fils avant ce délai de «récupération de l'âme» dont je parlais plus haut. Il fallut neuf mois avant d'obtenir l'autorisation de communiquer avec N. en Méta-connexion. Il semble dès le début du texte que lui-même ait dû obtenir la permission de se manifester à ses parents et à sa sœur.

Voici le premier contact reçu :

Permission accordée / je reviens d'un lointain coma qui me laisse comme un tourbillon au cœur de mon cœur / mais je ne peux résister plus longtemps à vos appels / je vois déjà dans quelle souffrance je vous ai laissés / je suis tellement désolé de vous voir ainsi / que puis-je dire qui me permette d'obtenir votre pardon ? / je n'avais plus le goût de rester sur Terre depuis déjà si longtemps / la porte de sortie s'est présentée une nuit de folie et je l'ai poussée car ce monde désespérant n'était plus tenable / j'ai cru qu'en me supprimant je supprimais mes problèmes / hélas, ce ne fut pas le cas / je suis descendu dans un puits sans fond, dans un noir absolu, et il m'a fallu toutes mes forces pour comprendre que j'avais dépassé la mesure dans une seconde d'égarement / je me suis surpris à appeler au secours et je me suis senti emporté ensuite dans une spirale qui m'a fait me réveiller dans une sorte de brouillard gris / de temps en temps vos visages m'apparaissaient et je replongeais dans ce monde cotonneux où tout se brouillait / je ne sais combien de temps je suis resté ainsi, dans une totale inconscience de qui j'étais / aujourd'hui j'ai l'impression d'émerger d'un océan houleux qui me laisse des bleus à l'âme et je peux enfin vous voir / peu de temps certes mais assez pour venir vous demander pardon / pourrez-vous jamais comprendre ce qui s'est passé dans ma tête / ce fut comme une explosion / et je me rends compte des erreurs commises / il paraît qu'il n'est jamais trop tard pour racheter le mal qu'on fait à ceux qu'on aime / car je vous aime et je veux que vous le sachiez / je veux rester pour vous celui que j'ai été du temps de notre bonheur / j'ai eu du mal à vivre mais les moments de joie étaient quand même là et si beaux / soyez sûrs que je vais faire tout mon possible pour gagner mon ciel afin que mon geste ne me coupe pas de vous / je dois à présent finir cette communication car je m'épuise encore vite / je reviendrai lorsque mon âme sera un peu plus forte / ici l'amour peut tout et le vôtre m'a sauvé des régions obscures où je ne me savais plus exister / j'ai votre amour à tous les trois en exemple / je vais m'en imprégner pour m'élever vers des endroits plus clairs / ne me condamnez pas / je ne pourrai gagner que si vous me le permettez / pardonnez-moi je vous aime cependant

Deuxième contact, deux mois plus tard, à l'appel de sa maman:

Oui je suis là petite maman / je peux encore venir un peu en t'entendant m'appeler dans le profond de ton cœur / je sens combien il se remplit de tout ce que j'aurais voulu être pour toi / je me débats comme je peux dans l'affluence des images et des pensées qui me viennent quand je vois ce que j'ai raté / j'ai conscience de ce que j'ai fait en vous brisant le cœur, mais je ne peux revenir en arrière / j'attends d'y voir plus clair mais je te suis / je te suis / je te suis comme l'aveugle qui voit déjà poindre la lumière au loin / tu m'y mènes je le sais / et je te remercie d'avoir accepté cette dure mission d'être mon « guide » depuis ce plan que j'ai quitté dans un moment où plus rien ne m'accrochait à cette vie pour laquelle je ne me sentais pas prêt / puissiez-vous retrouver la paix grâce à ma montée définitive vers les cieux que tu vois / je suis toujours là / vivant dans ton cœur / par ton cœur / et je t'aime

Troisième et dernier contact, cette fois un an et demi après son départ :

Bonjour petite maman / je suis là, toujours présent à ta demande et dans ton cœur / je vous vois vous débattre dans le monde où vous êtes encore plongés et qui va si mal vu d'En Haut / je vais bien dis-le à papa / je ne vais mal que lorsque vous allez mal / et alors j'essaye de me partager entre vous trois, Roxane, papa et toi / je sais que ce qui vous est demandé n'est pas toujours aussi facile que ce que nous vivons ici / mais je vous vois rayonner de tout votre amour les uns pour les autres / ne gâchez pas vos belles vibrations à cause de ceux qui vous jalousent et qui aimeraient bien voir s'écrouler votre courage / votre force les rend hargneux de voir comment vous êtes unis dans ce qui devrait être votre détresse / je suis si fier de vous voir toujours remontant la pente, même si parfois vous trébuchez / vous montez, vous ascensionnez la montagne / je le vois, je vous vois monter vers moi / et je suis si heureux de le voir ! / le ressentez-vous au fond de vous ?

N'ayez plus peur de la mort

Ici j'ai réussi à m'élever également grâce à votre amour, à vos prières, et je vois combien je me sens porté par votre amour inconditionnel malgré ce mal que je vous ai fait en partant / je me rends utile de plus en plus et on me confie des tâches à ma portée, comme consoler des âmes en détresse elles-mêmes, qui arrivent à peine régénérées de l'endroit noir où elles ont dû passer avant de se réveiller dans notre monde / il y a de la souffrance aussi de ce côté-ci du monde, car les êtres se rendent compte combien ils ont parfois mal agi envers ceux qui les ont aimés sur terre / mais à moi il m'est donné de rejoindre des plans lumineux pour me ressourcer / et là c'est la joie / et je profite pleinement de l'amour qui nous est dispensé par des Êtres de Lumière merveilleux et gais et remplis de bonheur qu'ils nous transfusent en direct dans le cœur / je m'en nourris et je vous renvoie de cet amour afin qu'il vous aide et vous accompagne sur votre chemin terrestre / et j'en dispense aussi à ceux dont j'ai la charge d'accueil / voilà / ne vous faites pas de souci pour moi / je suis toujours votre N. qui reste fidèle à votre amour et qui tente d'avancer avec tout ce qu'il reçoit de vous et des êtres d'amour qui sont ici / je veux vous voir confiants dans les événements qui arrivent et dont nous avons nous-mêmes connaissance / je serai comme toujours près de vous quand vous aurez besoin de moi / j'ai tellement bénéficié de votre amour sans le reconnaître du temps où j'étais près de vous / je suis heureux de pouvoir vous rendre la pareille depuis mon « Au-delà » où je veille à présent sur vous / je vous aime de toute mon âme / à bientôt? une prochaine fois / je vous aime / je vous aime

On ignore combien il faut à la fois de courage et de désespoir pour qu'une personne dans un état de totale confusion passe à l'acte. Mais on ignore aussi que l'on peut aider cette âme de l'autre côté lorsque l'on connaît le processus qu'il lui faudra traverser pour sortir de son état d'inconscience. C'est pourquoi il est important de nous instruire sur ces mondes et leur interaction avec le nôtre. Nous ne sommes pas séparés les uns des autres et nous avançons les uns avec l'aide des autres, dans ce monde ici et dans ces mondes ailleurs.

Je voudrais terminer avec ce sujet de la « non-séparation entre nos mondes » par mon propre témoignage concernant mon père. En 2003, nous assistions mon mari et moi à une conférence que donnait Jacqueline Duez, dont la particularité est de pouvoir lire dans le Grand Livre de la Vie. Nous étions intéressés pour la faire venir dans notre association d'aide. Après sa prestation, en seconde partie d'après-midi, un médium prit sa place à la table de conférence et demanda que les personnes qui avaient une photo ou un objet ayant appartenu à une personne décédée les disposent devant lui de façon qu'il puisse avoir un « support » pour les messages qu'il allait recevoir. Je mis à tout hasard une photo de mon père. Au fur et à mesure que le médium transmettait des messages aux personnes présentes dans la salle, je le trouvais peu performant dans ce qu'il transmettait. Les mots semblaient néanmoins réconforter les personnes qui les recevaient et c'était déjà important. Mais je le trouvais *moyen* et intérieurement, je me disais que très certainement mon père ne pourrait pas passer par lui. Vint la fin de ses canalisations et avant de conclure il porta à la connaissance du public qu'il allait encore prendre un dernier message avant de terminer. Et il prit la photo de mon père! Surprise et le cœur battant, voici ce qu'il me dit: « De quoi est mort votre père? » Je lui répondis: « D'une crise cardiaque. » Il continua: « Cela m'étonne car je vois plutôt une grosse perte de sang, beaucoup de sang... » Intérieurement je pensai qu'il était possible qu'il ait fait une hémorragie interne après la seconde opération qu'il avait subie un mois avant sa mort... Il continua: « En tout cas, depuis sa mort, il a énormément évolué. Il me dit que cela a été possible grâce à vous. Il a toujours été derrière votre épaule à lire tous les livres que vous avez lus sur ce sujet de la vie après la vie dont vous devez vous occuper ? » J'acquiesçai ! « Il vous remercie de lui avoir permis d'avancer ainsi et il vous dit qu'il ne vous a jamais quittée, qu'il est monté avec vous au fur et à mesure que vous-même avez avancé sur votre chemin. » L'émotion remplit mes yeux de larmes… « Il me fait dire qu'il vous aime. » Cela, je le savais déjà ! Et je souris dans mes larmes…

Voilà comment nous pouvons avancer dans la connaissance spirituelle ici sur Terre tout en permettant à nos êtres chers d'avancer en même temps. Si nos mondes ne pouvaient pas communiquer entre eux, si le Ciel et la Terre étaient séparés, comment cela se pourrait-il ? Ainsi pouvons-nous être aussi des Guides sur Terre pour ceux qui cherchent véritablement le but de leur vie. Plus nous irons dans la Connaissance de nos origines et de notre devenir spirituel, plus nous contribuerons à faire avancer les autres, nos prochains, frères et sœurs, êtres humains de tous pays constituant notre Grande Famille habitant ce Monde, notre Humanité. Et le Ciel commence ici, sur notre belle planète Terre…

L'Émerveillement

> « Il faut avoir lutté contre soi pour parvenir à cet émerveillement-là.
> Il faut avoir surmonté la tristesse, la lassitude,
> la révolte, le désespoir et donc,
> les avoir rencontrés. »
> – Bertrand Vergely, philosophe et théologien

Il est étonnant d'arriver à cette saison de la vie où je me trouve, entre automne et hiver, avec cette impression de n'avoir pas pris une ride au cœur ! Et cela malgré un parcours de vie pas toujours évident (mais pour qui l'est-il ?) qui m'a cependant appris à acquérir une certaine sagesse, du moins une pondération, une philosophie toute personnelle qui me permet de relativiser ce qui autrefois m'aurait contrariée ! C'est l'apanage de l'âge que de devenir plus raisonnable dans ses désirs, dans ses envies, dans ses actions. Mais se rendre compte que chaque jour qui passe est encore une possibilité d'apprendre, de se réjouir, de s'extasier des petites ou grandes choses est un gage de longévité qui peut nous assurer la jeunesse du cœur à défaut de celle du corps ! Prendre le temps de regarder vivre les enfants et s'émerveiller de leur prodigieuse capacité à profiter pleinement du moment présent, à rire, à chanter, à s'inventer des histoires. Cela est une leçon de vie que nous pouvons tous recevoir à longueur de temps !

Je crois que l'émerveillement est une prédisposition de l'âme à rester enfantine, à recevoir pleinement, infiniment, les cadeaux que la Vie nous offre sur notre chemin d'écolier vers notre évolution, même si ce chemin est parsemé d'embûches et d'épreuves en tous genres comme il se doit pour tout apprentissage scolaire et social ! L'émerveillement nous guérit de nos plaies et de nos bosses, nous régénère et nous nourrit dans notre faim de surprises, de découvertes et d'enchantements !

L'émerveillement procède de la joie de vivre et cette joie nous ne pouvons l'apprécier que si nous avons été jusqu'aux tréfonds de nos accablements et que nous les avons transcendés. Cette joie devient alors partie de nous, elle nous habite de façon perpétuelle, même si parfois un voile la cache lors de circonstances particulières générées par le malheur des autres...

Lorsque nous comprendrons que la Vie Véritable de l'esprit est encore plus magnifique que ces moments privilégiés, nous ne redouterons plus cette transition de notre monde terrestre aux mondes de l'Au-delà qui nous mènera à la félicité suprême. Nous aurons alors un autre regard sur notre vie terrestre et découvrirons la Réalité spirituelle de notre Être. Il ne s'agit pas de recevoir ces mots uniquement par le mental mais de savoir s'en pénétrer profondément, quitte à y méditer encore et encore. Puissions-nous nous souvenir de cette Réalité : *La vie est un rêve dont nous nous réveillerons après la mort !* Nous sommes actuellement en train de rêver dans cette existence illusoire qu'est venue expérimenter notre âme pour la énième fois.

L'expérience de la vie terrestre sert à expérimenter notre dualité dans un monde où il y a « nous » et les autres ! Notre ego est le maître souverain de cette existence tant que nous ne prenons pas conscience que « les autres » ont aussi à rencontrer leurs propres épreuves, leurs propres difficultés, leurs propres désespoirs et qu'en cela ils sont un peu de « nous » comme nous sommes aussi un peu d'« eux ». Cette similarité, ce partage dans les grandes lignes de nos vies, constitue notre appartenance à l'humanité dont nous portons aussi toute l'histoire. Ce qui fait cependant notre singularité est le destin spécifique de chacun d'entre nous. C'est ce destin qui nous conduira au niveau de conscience que nous devrons avoir atteint à la fin de notre propre périple terrestre dont nous serons toujours les seuls responsables. Pour ce faire, il nous faut faire appel à la créativité de notre âme aspirant à son évolution. Nous avons déjà souligné que l'évolution est beaucoup plus rapide sur la Terre que sur les plans spirituels où l'Unité est telle que l'enseignement spirituel seul ne nous permet pas d'avancer. Car pour avancer, il faut mettre en pratique ce que l'on a appris, et seule la Terre offre l'avantage de rassembler tous les niveaux d'évolution afin d'y vivre nos expériences en fonction de nos choix et des êtres que nous avons invités dans nos vies. C'est aussi le seul endroit où nous pourrons utiliser notre libre arbitre pour faire nos choix, souvent conditionnés par l'ego, hélas ! Ce sera encore là l'occasion d'apprendre à le démasquer car, dès lors qu'il est reconnu, il peut reprendre sa place en tant qu'intelligence seconde, la première devant être la voix (et la voie !) du cœur qui doit mener notre vie avec Amour, pour soi comme pour les autres.

C'est ainsi que nous avons accepté d'être projetés dans ce rêve qui n'est pas notre Réalité Première mais dans lequel notre âme a pu se créer la pièce de théâtre qui lui permettra de revenir une fois de plus à la Source, plus évolués que lorsque nous en sommes partis. Nous pouvons dire que nous sommes les scénaristes, les producteurs, les réalisateurs de cette pièce, nous en sommes les stars principales, et nous avons choisi les personnages que nous allions devoir rencontrer ainsi que les situations que nous aurions à vivre avec chacun d'entre eux ! Nous serons donc aussi les créateurs de la fin et de son dénouement, heureux ou malheureux selon ce que nous nous serons programmés lorsque le rideau tombera sur cette scène illusoire ! Il ne dépend que de nous qu'elle soit réussie... Toute cette pièce a été élaborée avec l'aide de nos Guides avant de redescendre dans les fréquences vibratoires de ce plan terrestre, en intégrant le corps physique de l'être humain. Avant de quitter les plans de l'au-delà, nous en avions le scénario et nous avons signé notre engagement d'aller jusqu'au bout de la pièce, avec l'assurance que nos Guides de Lumière nous accompagneraient dans les tribulations que nous avions demandé à traverser pour pouvoir évoluer. Puis un bandeau a été posé sur nos yeux spirituels de façon à ne pas être spectateurs de notre propre pièce mais bien *acteurs*. Enfin, en nous encourageant avec Amour, l'Ange du Retour nous a doucement poussés de son aile et nous a dit : « Va !... et surtout, souviens-toi ! »

***

Celui qui n'a jamais plongé son regard dans les yeux d'un nouveau-né s'est privé de l'émerveillement de ce qu'est la naissance, de la Lumière qui accompagne cette âme depuis les sphères où nous étions nous-mêmes avant notre propre incarnation. Le tout-petit ramène avec lui à la fois le secret et le souvenir de ce pays enchanteur d'où il vient et reçoit encore pendant un temps les images et les vibrations qu'il vient de quitter. Son petit crâne n'est pas encore totalement soudé, ce qui lui permet de s'adapter au passage étroit de la matrice de sa mère. C'est pourquoi, à travers le champ énergétique de son centre coronal, situé au niveau de la fontanelle qui pulse comme un cœur, il reçoit encore les images et la Lumière de l'Au-delà qu'il vient de quitter. Avant de voir précisément le nouveau

L'Émerveillement

monde qui l'entoure, il lui faudra accepter de mettre le pied dans la dimension humaine. Pour le moment, il voyage encore dans le Pays de Lumière pendant son sommeil, souriant réellement aux Anges qui l'accompagnent, et s'adaptant progressivement à la vision des formes humaines du monde terrestre qui l'entoure…

Ce tout-petit est en fait un « géant de l'esprit » qui aura reparcouru en neuf mois de grossesse les 4,5 milliards d'années de la planète Terre. Il en aura traversé tous les règnes : minéral qui se caractérise par un volume, une épaisseur inerte, végétal qui lui donnera l'instinct de se tourner vers la lumière, et animal qu'il développera grâce au mouvement instinctif de survie lui permettant de s'adapter aux conditions extérieures (voir le livre de Bernard Montaud, précédemment cité). Ce sont donc bien les 4,5 milliards d'années de la Terre que refait le fœtus en neuf mois. Comment ne pas s'émerveiller de cette performance ? Comment ne pas s'émerveiller de ce petit être qui a déjà risqué sept fois la mort dans le sein de sa mère avant de naître dans cette incarnation sur la Terre ? Admirons son courage et sa force : il est un univers à lui tout seul, constitué de milliards de cellules formant ce petit corps humain déjà doté d'une âme, d'une conscience, et qui s'apprête à évoluer et à faire évoluer l'humanité !

Nous pouvons penser parfois que notre vie a découlé d'un vouloir qui n'était pas le nôtre. Lors d'une dispute ou d'un reproche, le jeune adolescent en pleine crise de croissance va envoyer à ses parents cette phrase accusatrice exprimée sans conscience : « Je n'ai pas demandé à venir sur Terre ! » Erreur due à l'ignorance… Nous venons de voir qu'il n'en est rien. Combien de jeunes aujourd'hui se trouvent en mal-être, cherchant inconsciemment le sens de leur existence ? Ils sont souvent à la dérive si les parents ne répondent pas à leurs demandes de dialogues, et pour peu qu'ils se laissent influencer par un *ami* qui ne leur veut pas que du bien, ils peuvent aller chercher des paradis artificiels dans les substances chimiques, seule possibilité pour eux de trouver un émerveillement factice dans lequel ils risquent de se perdre. Il est difficile à notre époque et à cet âge de trouver un idéal de vie vers lequel le jeune adulte pourra se diriger en confiance. Pourtant, le Ciel veille toujours à envoyer à la personne en difficulté, l'aide qui lui sera nécessaire. Encore faudra-t-il qu'elle en fasse la demande... « Demandez et vous recevrez, cherchez et vous trouverez, frappez et on vous ouvrira[1]. »

Ce précepte du Christ devrait être plus souvent rappelé de façon à recréer le lien qui nous connecte avec ces plans célestes dont nous sommes partis pour vivre l'aventure humaine. Hélas, la majeure partie de nos contemporains n'ont aucune idée de l'aide qu'ils pourraient obtenir simplement en la demandant. Parce qu'ils ont oublié d'où ils viennent. Parce que la religion a manqué à la mission qu'elle s'était donné de transmettre les enseignements du Christ, et qu'à la place elle a enfermé les gens – et principalement les jeunes – dans des dogmes et des attitudes rigides alors qu'elle-même était loin d'être exemplaire... Ainsi s'est perdue la véritable foi au profit d'une prolifération de sectes plus ou moins dangereuses entraînant les jeunes trop fragiles vers d'autres illusions à la recherche d'autres émerveillements.

La faculté de s'émerveiller de tout ce qui nous entoure, de la beauté du monde aux exploits fascinants de l'homme, du chant des oiseaux à celui de la source, de l'intimité d'un coin d'ombre au bord de l'eau, de l'arbre qui ploie sous le poids des fruits qu'il porte, d'un piano qui s'accorde bien avec notre joie ou notre nostalgie du moment, ou du rire d'un enfant qui

---

1. Mt 7:7.

arrive en courant dans nos jambes, toutes ces joies pénètrent directement dans notre cœur et dans notre âme, permettant que s'ouvre cette part en nous qui nous fait entrer en gratitude et en amour devant la beauté de la Vie ! Et lorsque nous prenons conscience que cette Vie n'est qu'un pâle reflet de ce qui nous attend après notre transition, dans ce passage qui nous mènera dans l'Au-delà de la Vie, alors nous pouvons mettre un V majuscule à la Vie sur Terre comme à la Vie dans l'Au-delà. Parce que cette Vie est une continuité qui n'a ni commencement ni fin, et que Vivre infiniment c'est vivre pleinement notre humanité avec les autres et le Monde, autant que développer notre spiritualité qui nous appelle à retourner à l'Unité avec la Source d'Amour. Cette Vie-là a besoin d'être intégrée par l'esprit, réalisée et accomplie dans ce que nous avons demandé à Être, en pleine Conscience de l'Amour Divin qui tout au long de nos existences nous a portés, accompagnés, même quand nous ne le voyions pas ou plus, même dans les pires moments de solitude, lorsque la nuit noire de l'âme nous étouffait… Car il y a toujours eu une main tendue, un sourire plein de bonté sur notre chemin, ou encore cette force incroyable que nous sentions en nous sans savoir qu'elle nous venait du Ciel et de ces Guides de Lumière avec lesquels nous avions conclu un pacte d'Amour capable de nous faire franchir à nouveau des montagnes.

L'émerveillement est présent partout et à tout moment pour celui qui sait regarder autour de lui en conscience. Je me souviens par exemple de ce petit morceau d'arc-en-ciel que j'ai vu il y a quelques années dans un ciel bleu sans nuage ! Il n'avait pourtant aucune raison d'être là ! Pas de pluie à l'horizon, juste un ciel bleu d'azur… et ce morceau d'arc-en-ciel qui s'invitait dans le paysage ! J'étais au volant de ma voiture, et il a semblé me suivre ainsi durant plusieurs kilomètres. J'étais prudente et regardais tout de même ma route par séquences, puis je regardais de nouveau sur ma droite et le retrouvais au même endroit !

N'ayez plus peur de la mort

Il ne disparut qu'au bout d'un long parcours que je n'évaluai pas, mais j'eus l'impression d'avoir fait quelques kilomètres en sa compagnie. J'étais sur une route de campagne où la circulation n'était pas très importante, mais je me rappelle m'être demandé si quelqu'un avait pu le voir tout comme moi.

Il suffit de toujours être prêt à voir et à recevoir ces petits cadeaux de la Vie pour qu'ils vous apparaissent! Parmi ces expériences, il en est une que j'aimerais également partager qui m'a permis par la suite de regarder la Nature *autrement*. Elle fut un émerveillement hors du commun!

Je revenais de mon premier week-end de formation sur l'énergie des pierres, des arbres, des plantes et des huiles essentielles. Je m'y étais inscrite afin de parfaire mes connaissances en énergétique, dans le but de soigner ma mère avec des pratiques que j'avais déjà abordées ou plutôt survolées à l'aide de livres. Je voulais améliorer mes ressentis et comme j'aimais particulièrement me servir des pierres, dont j'avais déjà une bonne collection, j'avais osé faire cette démarche seule (c'était ma première démarche de formation) auprès du Dr Dominique Bourdin. J'avais beaucoup apprécié ce stage qui m'avait apporté de nouvelles connaissances sur le plan des énergies subtiles de la Nature. Découvrir les différentes enveloppes énergétiques d'un arbre m'avait fascinée. Annuler la nocivité d'un nœud de Hartmann[2] mal placé grâce à un cristal posé sur un sceau De Salomon avait été encore une autre découverte étonnante. Savoir repérer quelques-unes des fleurs de Bach sur un bord de chemin était un vrai bonheur... Je rentrai de ce stage ravie de me sentir plus « savante » qu'auparavant et comptant bien me servir de ces nouvelles connaissances dès que possible. Le lendemain matin, après m'être occupée de ma mère, j'allai

---

2. Le réseau Hartmann recouvre toute la surface du globe à la manière d'un filet. C'est un réseau d'origine électrique qui est une composante du champ électrique terrestre.

comme d'habitude arroser mes jardinières de géraniums sur la terrasse du petit chalet que nous avions fait construire quelques années auparavant, au cœur d'un nid de verdure parmi les chênes et les charmes qui jouxtaient la maison. Avec joie je me dirigeai, mon arrosoir à la main, regardant cette Nature dont je connaissais à présent les énergies. Au moment où je commençai mon arrosage dans la première jardinière, le plus incroyable des spectacles s'offrit à ma vue ! Tous les mots et les qualificatifs que je pourrais trouver ne sauraient jamais assez décrire ce qui me fut offert : tout ce qui était fleurs, arbres, herbes, buissons, arbrisseaux, toute la Nature autour de moi irradiait de multiples couleurs, elle rayonnait d'une Lumière vivante et mouvante telle qu'on doit la percevoir au Paradis. C'était vibrant, d'une beauté telle que je n'osais pas bouger de peur de voir cette splendeur disparaître brusquement... Il n'en fut rien, je continuai mon arrosage dans ce paysage féerique où les couleurs devenaient plus vives, où le vert des feuillages chatoyait à chaque souffle d'un vent léger qui animait le jardin. Le cœur battant et les yeux écarquillés sur ce monde végétal qui resplendissait de tous ses feux, dans un sourire émerveillé, j'élevai vers le Ciel une prière de gratitude, le cœur grand ouvert pour cette Présence vivante que m'offrait la Nature dans toute sa gloire !

Le phénomène resta encore un long moment, je n'osai quitter les lieux de peur que tout disparaisse dès que j'aurais le dos tourné, mais cela perdura encore quelques heures. Le miracle s'estompa au fur et à mesure que je devais reprendre mes activités terrestres... Je restai encore longtemps sous le coup de cette vision que je n'ai jamais oubliée.

Lorsque la Vie nous gâte infiniment de façon inattendue, comment ne pas croire à ce monde, tout à côté, invisible à nos yeux physiques mais tellement proche de nous qu'il nous suffit d'ouvrir notre cœur pour le ressentir, le pressentir, et s'empresser de nous en réjouir !

N'ayez plus peur de la mort

Des expériences comme celle-ci, qui ne s'expliquent pas de façon rationnelle, transforment profondément notre âme, nous remplissant de reconnaissance et d'Amour pour les cadeaux qui nous sont faits. Nous nous sentons alors faire partie de ce Tout, être au cœur de cette Présence que nous expérimentons venant de ce Monde de Lumière que nous savons être là bien qu'il se montre rarement à nos yeux.

L'être humain possède aussi ce champ énergétique que nous connaissons tous, appelé « Aura[3] ». C'est un vaste champ rayonnant tout autour du corps physique, en de multiples couleurs, champ toujours mouvant et faisant alterner et se moduler les couleurs en fonction de nos pensées ou de nos activités du moment…

Certaines personnes médiums ont développé cette capacité à « voir » les auras. Les époux Kirlian[4] ont été les premiers à photographier le champ énergétique de l'être humain ainsi que celui du végétal. Plus tard est apparu un appareil photo d'Auras mis au point par une équipe américaine (Aura Imaging) : grâce à des capteurs sur lesquels on place les mains, cette machine parvient à photographier et à filmer l'aura d'une personne, en couleurs et en mouvement. Ainsi peut-on peut observer

---

3. Aura : champ énergétique dont il est question dans le livre de James Redfield *La Prophétie des Andes* (1993). La huitième révélation de cet ouvrage est ainsi définie : « *Devenir conscient que toutes les choses vivantes ont "un champ énergétique."* »
4. L'effet Kirlian fut découvert accidentellement en 1939 par Semion Kirlian et sa femme Valentina Kirlian. Les clichés Kirlian montrent un halo lumineux autour d'un objet. Pour Kirlian et ses successeurs, attachés au domaine de la parapsychologie et des médecines énergétiques, la photographie Kirlian est une manifestation de l'aura humaine. L'aura, en parapsychologie, désigne le champ coloré qui entoure les êtres vivants, manifestation d'un champ d'énergie, de la force vitale.

L'Émerveillement

l'énergie de l'être humain dans son activité. La photo permet de savoir quelle est la couleur dominante du consultant à un moment précis de sa vie et de son évolution, et quelles sont ses qualités spirituelles.

Ce genre de photos permet aussi de se faire aider dans des situations psychiques difficiles. Le thérapeute possédant un tel appareil peut interpréter ce qui se passe dans le champ énergétique de la personne selon ses pensées qui se révèlent agir à différents niveaux du corps physique. Les couleurs sombres ou plus ou moins lumineuses de l'aura, selon les centres vitaux touchés, permettent de voir la formation d'éventuelles pathologies qui commencent à se révéler bien avant que la maladie ne se déclare.

Nous sommes donc, comme toute Vie déjà ici sur Terre, des êtres d'énergie et de Lumière reliés à la Source de notre Être par ce champ énergétique également invisible à nos yeux physiques. Cette énergie-Lumière est un champ vibratoire mesurable par des outils tels que cet appareil photo sophistiqué, mais aussi au moyen de l'antenne de Lecher[5] dont je me sers dans mes consultations. Cet outil permet de rééquilibrer les zones énergétiques déficientes chez l'être humain, de le dégager d'énergies parasites, et de le remettre en connexion avec son être profond. Un outil qui ne cesse d'émerveiller par ses résultats toutes les personnes qui en ont déjà fait l'expérience.

Il nous appartient de ne pas nous habituer à ces émerveillements continuels que nous pouvons recevoir au quotidien,

---

5. Ernst Lecher : physicien autrichien (1856-1926) ayant mis au point un appareil appelé « fils de Lecher », système permettant de recevoir les ondes électromagnétiques provenant de toute matière. Ces deux fils reliés à une masse captent les différentes vibrations reconnaissables au moyen d'une échelle graduée correspondant aux différents états du « vivant ».

N'ayez plus peur de la mort

comme le seul fait d'être en bonne santé et en possession de tous nos moyens sensoriels et cela dans un pays en paix. Nous pouvons remercier Dieu Source d'Amour, chaque jour, pour ce cadeau renouvelé qui nous est fait. Nous pouvons le savourer chaque matin lorsque nous ouvrons les yeux sur la suite de notre pièce de théâtre, sachant que nous sommes les seuls à pouvoir en prolonger l'émerveillement!

Montée dans la Lumière

> « LA CO-NAISSANCE, EN VÉRITÉ, EST AMOUR [...]
> La Lumière se déverse. Vase d'or, d'or transparent.
> On ne peut pas le voir, on ne peut pas le toucher,
> ON NE PEUT QUE LE DONNER. »
> – Gitta Mallasz, *Dialogues avec l'ange* – E69-323

Que nous le reconnaissions ou non, l'année 2012 fut le commencement d'une profonde transformation de notre monde, de nos sociétés autant que de nos individualités. Bien sûr, ce mouvement ne s'est pas fait du jour au lendemain. Il s'était déjà amorcé quelques années auparavant, et certains milieux spiritualistes en avaient largement averti ceux qui s'intéressaient à ce sujet, accompagnant et commentant les signes et les manifestations déjà perceptibles dans l'atmosphère ambiante. Les astrologues qui étudiaient attentivement la position des planètes dans le ciel savaient qu'à la fin de cette année-là se produirait un alignement planétaire tel que cela ne pouvait qu'annoncer ces changements, voire des bouleversements majeurs dus, notamment, aux dérèglements climatiques et aux conflits idéologiques et politiques.

N'ayez plus peur de la mort

Cette année 2012 avait déjà marqué profondément les consciences en raison des prophéties mayas qui, remontant du fonds des Temps, annonçaient cette année comme étant celle de la «fin du Monde». Cette prédiction apporta à chacun et dans chaque pays son lot de mal-être ou d'inquiétudes, de peurs ou d'aspirations, selon l'ouverture de sa conscience...

Si aujourd'hui notre Terre tourne toujours autour du Soleil et si l'humanité continue de peupler sa surface de façon exponentielle, il n'en est pas moins vrai que la civilisation maya, disparue de la surface de la Terre au XVIe siècle, détenait une connaissance remarquable de l'astronomie, capable de prédire des éclipses bien avant l'existence des télescopes. Parmi leurs prédictions, les Mayas annonçaient – selon les anthropologues qui se sont penchés sur les inscriptions des stèles et des anciens temples de cette civilisation – non pas la fin du Monde mais «la fin d'un Monde». Autrement dit, le monde n'allait pas se terminer: il serait transformé. L'humanité continuerait, mais d'une autre manière.

Cinq années de recul nous permettent aujourd'hui de voir combien cette transformation est bien là. Et comme toute transformation, elle passe par un chaos généralisé. Le réchauffement climatique, à présent avéré, provoque un déchaînement des forces de la Nature, entraînant avec elles destruction et désolation. Les conflits d'ordre religieux font naître, au moyen de lavages de cerveaux ou de drogues, des vocations de martyrs pour défendre des idéaux faussés par des manipulateurs à la solde du terrorisme. Les guerres idéologiques autant que politiques font fuir des populations entières loin de leurs pays d'origine et les pays nantis voient arriver des réfugiés en masse, attirés par ce qu'ils croient être des «Eldorado» où ils pensent pouvoir trouver emploi, nourriture et réconfort...

À côté de ce spectacle apocalyptique de bouleversements, souvent tragiques, des êtres humains, conscients de leur rôle et de leur devoir d'entraide, travaillent bénévolement à recueillir, soigner, abriter leur prochain, à inventer de nouveaux moyens de créer de l'emploi, à cultiver les sols de manière durable afin de nourrir le plus de familles possible. Des mouvements associatifs et des collectivités se créent afin de mettre en œuvre une union de leurs forces créatrices pour améliorer les conditions de vie de tous. Ce sont des êtres «éveillés», conscients que le futur de la Terre et de notre humanité dépend de toutes les bonnes volontés réunies dans une grande vague de solidarité et d'amour. C'est là l'unique possibilité de continuer à espérer en ce Monde Nouveau annoncé par le Christ dans les Écritures. Encore doit-on se demander si ce Monde Nouveau peut encore s'installer sur notre Terre, ou s'il se situe plutôt sur ces plans de l'Au-delà, dans la Maison du Père à laquelle Jésus faisait référence ?…

Quoi qu'il en soit, il est évident aujourd'hui que nous assistons à un combat entre les forces de l'Ombre et celles de la Lumière : hommes contre Dieu, à qui reviendra la Victoire ? Combat dérisoire dont l'issue ne fait aucun doute ! Nous avons un exemple simple et évident pour en connaître la réponse : il suffit d'imaginer deux pièces en enfilade séparées par une porte. Fermons la porte et les volets de ces deux pièces qui se retrouvent alors plongées dans l'obscurité. Lorsque nous ouvrirons les volets de la première, la lumière remplira à nouveau celle-ci. Puis ouvrons la porte sur la seconde, restée dans l'obscurité. Que croyez-vous qu'il se produira ? Est-ce l'obscurité qui envahira la pièce lumineuse ? Non. Vous pourrez constater que la lumière pénétrera dans la pièce sombre et l'éclairera ! La Lumière gagne toujours sur l'Ombre. Ceci est une des lois naturelles en vigueur dans la Création.

***

Mais revenons à 2012. Les bouleversements évoqués plus haut, que nous vivons *crescendo* depuis 2013, sont sans aucun doute en relation directe avec l'alignement planétaire qui avait

N'ayez plus peur de la mort

été prévu par les Mayas, donc bien avant ce 21 décembre 2012. Depuis, d'autres convergences planétaires sont survenues dans le Ciel, notamment depuis avril 2014, et nous savons que les astres influent directement sur la Terre, apportant des vibrations nouvelles qui agissent à la fois sur les énergies de la Nature et sur celles des humains. Nous pouvons à présent comprendre ce chaos et voir comment l'ancien monde est en train de s'écrouler, alors que cette « nouvelle humanité » est en train de naître, comme propulsée par une montée de Lumière dans le paysage obscur des guerres et des cataclysmes. Car dans chaque mutation apportant les grands changements en ce monde, les âmes les plus courageuses ont réussi à apporter du secours et à changer les consciences, alors que les plus lâches et les plus peureux ont mis tout en œuvre pour garder leur pouvoir, quitte à y perdre leur vie et leur âme…

Pour ce qui me concerne, c'est à partir de cette année-là que se déclencha en moi ce grand désir d'œcuménisme qui me poussa un peu plus tard à assister à des rencontres interconfessionnelles, lors de week-ends de partages entre différents courants religieux. Lors de ces rencontres, la vue qu'avait chacune de ces traditions sur la mort m'intéressa particulièrement. Je m'aperçus avec joie que chacune de ces voies se rejoignait dans la conviction de l'existence d'une Vie après la mort, dans des plans, des sphères ou des « Terres[1] » dont les noms différaient, tous étant situés dans un Au-delà de ce plan

---

1. Dans le bouddhisme tibétain, les « Terres » sont des étapes successives sur la voie qui mène à la libération et à l'Éveil. Dans le Mahayana (ou Grand Véhicule), les dix Terres sont les dix niveaux à franchir successivement avant d'atteindre l'état de Bouddha. Amitabha, dit de « la Terre Pure », est l'un des Bouddha les plus vénérés représentant l'Amour et la compassion. Il est à noter que le terme de « Bouddha » ne représente pas le Bouddha historique, mais un état d'être, l'état de bouddhéité.

terrestre. C'est à cette période que s'amorça en moi le désir d'étudier le bouddhisme.

En effet, lorsque ma mère arriva à la fin de sa vie, je m'intéressai plus que jamais aux enseignements bouddhistes contenus dans *Le Livre tibétain de la vie et de la mort*[2]. J'avais déjà été interpellée par cette connaissance des étapes décrites lors des différents stades par lesquels l'esprit devait passer (les bardos) avant de parvenir à la fin du voyage qui menait à la Claire Lumière. Au moment de sa mort, en m'inspirant des enseignements contenus dans ce livre, j'avais même procédé au *transfert de conscience* appelé le « P'owa » de la mort, invoquant la Conscience du Christ en laquelle je projetai la conscience de maman de façon qu'elle puisse plus facilement se libérer de son corps physique.

Ce passage du 21 décembre 2012, je le vécus en recueillement dans la petite église de la Communauté monastique des chrétiens d'Orient – située tout à côté de notre maison – en compagnie de mon ami bouddhiste que j'avais rencontré la même année. Nous y restâmes en méditation durant une heure.

Dès le début 2013, je ressentis de nouvelles énergies spirituelles se manifester profondément dans mon âme. À travers l'association Vie après vie que nous animions, mon mari et moi, depuis près de vingt ans, j'organisai des conférences et des réunions d'échanges sur les événements spirituels que nous étions tous appelés à vivre, dans la perspective de cette Unité qui doit se faire, en vue du Monde Nouveau à manifester sur cette Terre… Peut-être était-ce une « douce utopie », mais je voulais m'y investir sérieusement. En septembre 2013, j'organisai donc une réunion d'échanges spirituels avec nos adhérents

---

2. *Le Livre tibétain de la vie et de la mort*, Sogyal Rinpoché – Éditions de la Table Ronde, 1993.

et sympathisants, y faisant intervenir mon ami bouddhiste afin qu'il nous fasse une présentation de cette tradition. Cet après-midi se termina par deux phases de méditation qui réunirent, en quelque sorte, Christ et Bouddha au cœur de chacun.

Souhaitant pousser plus avant mes recherches sur ce passage obligé qu'est la mort afin de retourner à notre patrie spirituelle, j'entrepris de suivre un enseignement bouddhiste avec le Maître de mon ami, Mila Khyèntsé Rinpoché. Français d'origine, il était parti vivre au Tibet à l'âge de 17 ans et y avait rencontré les plus grands Maîtres de son temps. Il avait intégré à leurs côtés toutes leurs connaissances, apprenant la langue et déchiffrant les écrits sacrés rédigés en sanscrit. Après dix-sept années de pratiques et d'enseignements par ces Maîtres, il fut reconnu comme étant la réincarnation d'un grand Tülkou[3] et fut renvoyé par eux en France afin qu'il puisse dispenser à son tour son savoir aux adeptes qui le lui réclameraient.

Jusqu'à l'été 2016, je reçus donc de ce Maître de grands enseignements lors de retraites durant parfois une semaine et souvent plusieurs week-ends de suite dans l'année. Les différentes pratiques de méditation m'absorbaient lorsque nous étions en groupe car le Maître était assez exceptionnel pour ne pas se prendre au sérieux tout en étant ferme et rigoureux dans ses enseignements. J'étais donc assidue à ses cours et me déplaçais à travers la France pour le suivre et, bien que chrétienne,

---

3. Tülkou : il existe deux types possibles de Tülkou : la manifestation d'un bouddha pleinement éveillé sous une forme physique afin d'aider les êtres. Et le Tülkou d'un être avancé sur la voie de l'Éveil, qui s'appuie sur ses réalisations spirituelles et ses pouvoirs de concentration pour maîtriser le processus *post mortem* et choisir, ou du moins influer sur le lieu et les circonstances de la renaissance de son continuum psychique. Une telle personne renaît essentiellement en vertu du pouvoir conféré par ses souhaits antérieurs de continuer à aider les êtres en tant que bodhisattva (*Dictionnaire encyclopédique du bouddhisme*, Philippe Cornu – Éditions du Seuil, 2001).

j'étais tout aussi libre de visualiser Jésus dans mes méditations que les bouddhistes visualisaient Bouddha.

Cette période de ma vie spirituelle me fit énormément avancer dans la compréhension de l'illusion de l'existence que nous vivons en ce Monde. L'impermanence de toute chose, devint une évidence à mes yeux. L'Éveil de l'Esprit était l'objectif à atteindre au moyen de pratiques de méditations assidues devant amener le pratiquant à la vacuité, c'est-à-dire à la constatation de la nature vide de toute chose y compris des phénomènes conditionnés, propres à la dualité « sujet-objet » inhérente à notre conscience lors de notre incarnation terrestre. Par cette voie, je fis l'apprentissage du détachement de toute souffrance, y compris celle de la peur de la mort.

Fin 2015, le Maître souhaita créer un groupe spécial choisi parmi ses élèves. Ceux-ci devraient désormais se réunir une fois par mois pour réfléchir à l'édification d'un lieu bouddhiste permettant d'accompagner toute personne en fin de vie, quelle que soit la tradition à laquelle elle appartenait. Ce groupe devait être constitué de volontaires devant s'inscrire auparavant sur une liste, et le Maître en sélectionnerait les participants. Je ne pouvais que m'y inscrire aussitôt, cette voie de l'accompagnement des mourants m'ayant été ouverte grâce à ce que j'avais vécu lors du décès de ma mère.

En janvier 2016, le groupe fut donc constitué. Quelle joie de voir mon nom figurer parmi les douze personnes sélectionnées sur les quarante-huit inscriptions ! Mon ami bouddhiste, non inscrit au départ, se retrouva cependant dans ce groupe dès la première réunion. Chacun d'entre nous devait tout d'abord émettre un souhait ou une idée quant à l'action ou au rôle qu'il pourrait assumer au sein de l'équipe fondatrice de cette maison d'accueil. En ce qui me concernait, j'émis le souhait de former de futurs accompagnant·es à partir de l'expérience que j'en avais déjà, en intégrant toutefois les enseignements bouddhistes que j'allais encore acquérir avec le temps. Chacun émit ses souhaits et dès lors, le groupe pouvait commencer à travailler sur ce projet.

Chaque mois, nous avions un travail de réflexion à mener et à présenter à la réunion suivante sous forme d'un compte rendu détaillé. Il nous fallait nous projeter dans l'avenir et envisager les différentes étapes de notre propre fin de vie dans cet espace à créer et à construire. Ainsi, notre premier devoir fut d'imaginer ce lieu : par quels moyens nous pourrions l'édifier, ce que nous en attendions, comment nous souhaiterions y vivre… Puis, la fois suivante, nous devions évoquer la manière dont se passerait notre première visite dans cet espace d'accueil destiné à notre propre fin de vie, la façon dont nous l'imaginions, ce que nous y découvririons, l'environnement, les rencontres, ce que nous pourrions y faire pour nous rendre utile aux autres, etc. Le mois suivant, nous devions prévoir un séjour plus long dans ces lieux pour nous familiariser avec l'idée que ce nouvel espace de vie serait le nôtre lorsque, avec l'apparition des difficultés physiques, voire psychiques, nous aurions décidé de nous faire accompagner à notre tour par des personnes formées dans ce sens. Il nous fallait aussi réfléchir à ce que nous emporterions avec nous dans ce prochain séjour : objets, lectures, accessoires de confort, photos ou autres souvenirs.

La dernière réunion du mois de juin devait relater le départ définitif de notre maison. Nous devions nous dire : « c'est la dernière fois que je ferme la porte de ma maison ; quelles sont les pensées, les émotions qui surgissent en moi ? Quelle personne m'amène dans ce dernier endroit où je sais que je vais finir ma vie ? Que vais-je emporter avec moi ?… »

Tous ces exercices devaient être rédigés en situation de vécu, et les textes devaient être lus par chacun devant le groupe. Bien entendu, dans l'intervalle qui séparait ces réunions, nous devions méditer sur notre mort à l'aide de pratiques diverses enseignées par le Maître.

Or, avant même d'avoir à faire ces exercices, j'avais déjà effectué un grand travail de méditation-réflexion au sujet de cette fin de vie et de ma mort. Il se trouvait aussi que j'avais déjà vécu plusieurs expériences qui m'avaient conduite à proximité de la « sortie ». Il fut donc facile pour moi de me visualiser dans cette future période vers laquelle je me rapprochais (j'étais déjà la doyenne du groupe avec mes 75 ans tout proches!) où il me faudrait quitter les miens et mes amis pour rejoindre « la Vie d'après ».

Mois après mois, réunion après réunion, je suivais donc sans problème particulier la progression du processus que le Maître nous faisait toucher du doigt afin de nous aider à nous libérer de nos attachements à cette vie terrestre. J'étais personnellement surprise par la difficulté plus ou moins prononcée qu'avaient certaines personnes du groupe à se visualiser dans les différentes phases de cette fin inéluctable. Pour beaucoup d'entre elles, l'émotion était si présente que les récits finissaient souvent dans les larmes… Lors de la dernière réunion à laquelle j'assistai (je ne savais pas encore que ce serait la dernière…), le Maître termina la journée en suggérant à chacun, selon ses potentiels ou ses dispositions, une tâche pour laquelle il trouverait sa place dans ce projet futur. Faisant le tour du groupe qui devait donner son assentiment ou son avis, il proposa donc à chacun le rôle dans lequel il l'imaginait : l'un serait jardinier, l'autre serait à l'accueil ; il voyait bien tel autre à l'intendance, celle-ci à la restauration, celui-là à l'administration… Quand il arriva à mon niveau, il sauta mon tour et passa à ma voisine comme si je n'existais pas et continua son tour du groupe jusqu'au dernier. J'eus alors l'impression brutale qu'on venait de me signifier que je n'avais plus ma place dans ce projet et que ma présence n'était plus souhaitée dans le groupe ! Je rentrai chez moi ce soir-là complètement déstabilisée, cherchant une cause ou une faute possible qui m'aurait échappée et qui aurait provoqué cette mise à l'écart. J'en parlai bien sûr à Bruno qui me consola comme il put, me disant que c'était peut-être le moment d'arrêter ces enseignements qui me demandaient d'être trop souvent disponible... Mais je n'avais pas envie d'entendre cela ! Je voulais juste comprendre l'attitude du Maître, que je croyais jusque-là juste et équitable. En revanche, j'avais bien compris qu'il m'avait clairement fait entendre de n'avoir plus à revenir dans ces réunions ! Je repassais la scène en boucle, cherchant l'erreur que je ne voyais pas, mais rien... J'avais au contraire toujours bien rempli mes pages d'écriture sur cette fin de vie avec aisance ; j'avais fait les pratiques de méditation requises, tant seule chez moi qu'avec le groupe, visualisant, comme demandé, le moment de mon passage dans l'acceptation totale de la dissolution de mon corps physique. Je ne voyais vraiment pas ce que j'avais fait pour mériter mon élimination de ce groupe.

Avec le recul, je peux aujourd'hui en sourire, car finalement, ce geste fut aussi pour moi comme une « petite mort » qui m'aida à retrouver ma voie chrétienne avec d'autant plus d'intensité que brusquement, je comprenais combien elle m'avait manqué et combien j'y étais attachée !

La nuit qui suivit, je ne dormis pas très bien, sans pour cela me culpabiliser plus que nécessaire. La sidération éprouvée sur le moment de ma « transparence » avait fait place à une tristesse mêlée d'un sentiment d'injustice. L'impression désagréable d'avoir été abandonnée, voire rejetée, était d'autant plus difficile à supporter qu'aucune explication ne m'avait été donnée par le Maître avant mon départ de la réunion.

Le surlendemain, je déclarai une forte fièvre que je mis sur le compte de cette contrariété qui ne passait pas. Je me soignai à partir des produits naturels que j'avais l'habitude d'utiliser en cas de grippe, mais le soir, la fièvre monta à tel point que je finis par me résoudre à prendre du paracétamol... en vain. Non seulement la fièvre continua de monter, mais je fus prise de vomissements et de tremblements de tous mes membres, comme si j'étais atteinte de la maladie de Parkinson ! Je ne pouvais plus rien tenir dans mes mains, ni la bassine, ni même un verre d'eau que de toute façon j'aurais rejeté aussitôt. Bruno, qui ne savait plus quoi faire pour m'aider, appela le Samu. Médecin et ambulancier arrivèrent ensemble et l'on me transporta aussitôt à l'hôpital. Après prise en charge et analyses, je fus mise très vite sous perfusion. Un peu plus tard, les résultats des analyses révélèrent la présence de deux staphylocoques différents qui avaient migré depuis les reins jusque dans le sang. Autrement dit, je venais de déclarer une septicémie, sans qu'il y ait eu la moindre porte d'entrée à cette infection… Le temps de me prescrire dix jours d'un antibiotique puissant à raison de trois prises par jour, et l'on me renvoya à mon domicile. La fièvre ne céda qu'au bout de cinq jours.

Or, durant les quelques moments de pause connus entre deux poussées de température, j'eus tout le loisir de méditer sur ce qui était en train de m'arriver. Je pris brusquement conscience que j'avais fini par trouver le moyen de m'en prendre directement à ma propre vie en me créant (à force de méditer sur la mort, en plus de ce travail de groupe sur le même sujet ?) une maladie mortifère ! À l'évidence, une chute brutale de mon système immunitaire avait permis que se déclare une infection des reins – centre de la peur, mais aussi des énergies vitales –, voie par laquelle les bactéries étaient passées dans mon sang, véhicule de la Vie dans le corps humain. Je m'étais donc bien empoisonnée moi-même !

Dès ce moment, je compris que cette expérience devait avoir sa raison d'être puisque mon âme avait choisi de la vivre jusqu'à provoquer, une nouvelle fois, une pathologie capable de me conduire à ma fin ! Je pris conscience alors que ces trois dernières années d'études bouddhistes et de pratiques méditatives avaient plus mobilisé mon intellect que mon esprit, même en visualisant le Christ au-dessus de ma tête. Ces méditations – que j'avais souvent du mal à suivre assidûment lorsque, de

N'ayez plus peur de la mort

retour chez moi, je devais les faire seule – m'avaient coupé de l'énergie vibratoire que je retirais de mes prières chrétiennes et de l'Amour que je portais à Jésus, du temps où je n'avais que Lui dans ma vie. Mon idéal de *communion* entre les différentes traditions spirituelles – qui m'avait poussée à cette « double appartenance » – avait aussi dilué ma foi chrétienne, remplacée par les mantras tibétains et les rituels d'une tradition spirituelle qui n'était pas la mienne. Dès le moment où je compris ce qui m'arrivait sous cet éclairage, j'eus la vision de mes Guides spirituels se réjouissant de mes déductions et m'encourageant à persévérer dans ce retour à ma première et seule voie spirituelle pour laquelle j'étais venue vivre cette incarnation... Une joie intérieure profonde commença à monter en moi, comme si mon âme tressaillait du bonheur de se retrouver à nouveau libre d'agir selon sa nature véritable... Ce grand écart que j'avais souhaité faire entre ces deux traditions pour les réunir et les vivre ensemble était en train de m'apparaître comme vain, inutile, voire irréalisable ! Je compris alors qu'une voie spirituelle devait être vécue totalement, profondément, dans la fidélité à un seul Maître. Pour ce qui me concerne, il était évident que mon premier Amour était voué à Jésus...

Je pouvais voir à présent clairement pourquoi Mila Khyèntsé Rinpoché m'avait exclue du chemin du Bouddha. Je crois qu'il a dû savoir avant moi que j'avais fait suffisamment de chemin avec lui pour en tirer tous les enseignements dont j'aurais besoin au moment de mon passage de cette vie à l'Autre, mais que je n'avais plus à m'investir pleinement dans une tradition que je n'avais pas souhaité épouser dans cette incarnation. Je devais revenir totalement et uniquement à mes origines chrétiennes parce qu'elles étaient profondément ancrées en mon cœur et voulues de mon âme.

Toutes ces réflexions me traversèrent durant les temps d'accalmie entre deux poussées de fièvre. Dans le même temps, je retrouvai tout naturellement mes prières chrétiennes qui furent comme un baume dans lequel je me retrouvais comme purifiée. Ces moments de répit me permirent de voir, par comparaison, combien la souffrance physique ramène toujours au corps («le mal a dit»), quel que soit le désir que nous pouvons avoir de nous relier à la Source pour nous y laisser couler... Cela me permit de comprendre la souffrance et la confusion des personnes arrivées en fin de vie lorsqu'elles meurent d'une maladie.

Les soins palliatifs permettent aujourd'hui d'accompagner les mourants par des traitements sédatifs de la douleur. Mais la connaissance et la confiance dans cette Vie qui nous attend au-delà du trépas sont encore la façon la plus efficace de mettre fin à la souffrance en ne se focalisant pas sur elle. Le détachement de cette enveloppe physique en est le seul moyen. Ma mère me le prouva en arrêtant tout traitement le jour où elle décida intérieurement de son départ. Du moment où elle refusa ses antalgiques et l'oxygène qui l'aidait à respirer, elle commença à sombrer dans un sommeil profond, qui devint vite un coma. Elle resta encore en vie durant trois jours, sans boire ni manger, au bout desquels son âme se libéra naturellement de son corps qui n'était pourtant que douleur... Sa seule foi et son amour pour le Christ avaient fait qu'elle n'en souffrit plus...

De mon côté, lorsqu'au cinquième jour la fièvre céda enfin, je plongeai aussi très vite dans le sommeil comme on plonge dans un océan de bien-être, avec délectation. Ce fut comme une renaissance! Mon sommeil fut peuplé de songes plus réels que tout ce que je venais de vivre dans cette «petite mort». J'eus l'impression qu'une force irrésistible m'entraînait vers le haut, comme si j'étais ascensionnée vers un lieu de Lumière où je retrouvais des Êtres tout aussi Lumineux que je l'étais moi-même! Il y avait dans ces hauteurs comme une immense fête dans laquelle j'étais attendue et accueillie avec un Amour incommensurable, comme si j'avais été «l'enfant prodigue» revenant au bercail! Je discernais les Êtres qui m'entouraient sous forme de silhouettes humaines faites de Lumière mais dont les traits des visages étaient à peine esquissés, semblant luminescents. *Je percevais* une joie générale se manifester partout avec des exclamations qui parvenaient à mon oreille spirituelle : «*Elle est de retour! Elle est là, elle est de retour!*» Deux Êtres de Lumière plus proches de moi étaient occupés à disposer je ne sais quel objet précieux sur une table faite également de Lumière…

Mais comment décrire l'indicible avec des termes humains? On «vit» une telle expérience de façon vibratoire. Ce sont comme des ondes qui traversent nos corps de Lumière et qui transportent l'âme dans un état d'être tellement extraordinaire, qu'il est impossible à traduire ou à décrire par de simples mots à celui qui ne l'a pas vécu… Dans une telle intensité d'Amour, l'âme se fond dans la félicité partagée par tous les Êtres qui forment un Tout, une Unité, composée de Lumière et de Joie touchant au Divin…

***

Cette «montée dans la Lumière» reste en mon esprit, gravée dans l'Infini hors du temps. J'eus l'impression de redescendre de ces Hauteurs, portée précautionneusement par des bras de Lumière qui permirent à mon esprit de réintégrer mon corps physique avec Amour. Je repris progressivement conscience de l'endroit où je me trouvais, mais je restai longtemps ainsi, baignant encore dans ces ondes d'Amour incommensurable que j'avais reçues, souhaitant prolonger l'extase dans laquelle j'étais encore plongée. Jamais je ne m'étais sentie autant aimée de la Lumière qu'au sortir de cette nuit-là…

Il me fallut cependant revenir pour reprendre ma route. J'avais fait le plein d'Amour et mes forces spirituelles me semblaient avoir été fortement stimulées. Ma foi christique était revenue, plus puissante qu'avant mon détour bouddhiste, et je retrouvais mes temps de prières et mes lectures spirituelles

Montée dans la Lumière

avec cette joie du cœur qui m'avait été si largement dispensée dans les Hauteurs de Lumière.

***

Parvenue à la fin de cet ouvrage, je vois combien, malgré mes hésitations à l'écrire, ce chapitre était nécessaire pour clore le parcours de toute une vie passée à rechercher les preuves de cette survie de l'âme après le trépas[4]. De même, la façon d'aborder ce moment est-elle décisive. Puissent mes expériences et les convictions qu'elles m'ont apportées être reçues du lecteur qui aura besoin de se rassurer sur ce passage, afin d'être libéré de sa peur ! Qu'il puisse prendre conscience qu'il est le principal créateur de cette frayeur en raison de l'ignorance qu'il a de cette transition. Les allers-retours qui m'ont permis de la contempler plusieurs fois me donnent aujourd'hui une confiance absolue dans le fait que nous ne serons pas seuls au moment de notre départ. « Personne ne meurt dans la solitude » avait coutume de dire Elisabeth Kübler-Ross[5].

Il est important également de nous souvenir que nous sommes tous créateurs de notre propre vie, et donc de notre mort. La preuve en est également apportée dans ce chapitre. Bien sûr, nous ne sommes pas toujours maîtres de nos pensées créatrices. Mais si nous suivons une voie spirituelle, nous avons le devoir de réfléchir à tout obstacle ou événement qui nous arrive pour en trouver la clé et ainsi annuler la charge négative que nous avons pu générer par nos pensées erronées. Ce n'est qu'en vivant en pleine conscience que nous parviendrons à

---

4. Trépas : cet ancien terme convient mieux, par sa signification étymologique (passer outre, au-delà de...) à cet instant crucial, que les mots « mort », « décès », employés le plus souvent de nos jours.
5. Elisabeth Kübler-Ross (1926-2004) : médecin psychiatre, pionnière de l'approche des soins palliatifs pour les personnes en fin de vie. Elle s'est énormément investie pour les enfants atteints de cancers et du sida.

vivre heureux au milieu du chaos ambiant, nous permettant d'être ainsi des aidants ou des exemples pour les êtres qui nous entourent. La prière peut grandement nous aider à vivre dans cette conscience à chaque instant de notre vie. Quelles que soient nos convictions ou notre tradition, je me suis aperçue que prier et méditer se ressemblaient en bien des points. L'une comme l'autre de ces pratiques peuvent se faire à tout instant de la journée, et même vingt-quatre heures sur vingt-quatre, comme nous le répétait le Maître et comme nous l'enseignent les voies monastiques chrétiennes traditionnelles. Car la prière comme la méditation sont bien plus des « états intérieurs » profonds que des mots récités ou des efforts à faire pour vider le mental. C'est une connexion hors du temps avec l'Énergie d'Amour du Christ tout autant que Celle du Bouddha, dans laquelle nous pouvons demeurer soit en adoration, soit en contemplation...

Elisabeth Kübler-Ross à qui l'on demandait si elle priait souvent, répondit ceci : « Je prie toute la journée, à chaque instant de la journée ! Je prie quand je fais mon jardin, je prie quand je soigne les malades, je prie quand je regarde un enfant !... »

J'ai envie de dire que ce livre est aussi une longue prière...

Conclusion

Il n'est pas facile d'apporter une conclusion à ces pages. Il y aurait encore tant de choses à dire, de notions à aborder, d'autres expériences vécues à raconter qui seraient encore autant de preuves de cette Vie après la vie qui nous amène à *Vivre infiniment* sans commencement ni fin. Car la mort n'est pas une fin. Elle est une transition entre notre monde de matière et la Réalité Ultime dont nous venons tous : cette Source d'Amour créatrice que j'appelle Dieu.

J'ai cité plusieurs fois certaines des Paroles du Maître Jésus car Il nous a montré la voie simple pour parvenir à l'accomplissement de notre « mission de vie » sur Terre. L'application de Ses enseignements nous permet de cheminer d'un pas ferme sur la route de notre évolution. Cette Omniprésence du Christ dans mon parcours m'a permis d'avancer quand la route était trop difficile et de retrouver rapidement ma joie de vivre dès que le chemin s'aplanissait. L'Amour qui s'est développé en mon cœur au fur et à mesure des expériences que j'ai pu faire tout au long de ce chemin m'a bien souvent transportée de joie, transmit une force et un enthousiasme qui m'ont bien souvent dilaté le cœur jusqu'à ressentir cette Communion avec le Tout. C'est un état d'être dans lequel nous nous trouvons après avoir accompli quelque chose d'important, que nous savions important pour notre devenir parce que cet accomplissement nous a propulsés vers des Hauteurs Spirituelles dont nous savons qu'elles resteront à jamais gravées dans notre âme.

Cette sensation profonde est toujours de l'ordre de l'Amour. Car c'est cet Amour qui nous guide et nous inspire tout au long de nos existences entre Ciel et Terre. Dès la naissance, c'est toujours Lui que l'on recherche, c'est toujours Lui qui nous manque ou que l'on a peur de perdre. Adulte, on peut croire l'avoir trouvé dans l'amour humain, mais on s'aperçoit à plus ou moins long terme que cet amour-là finit au mieux par se transformer, puis par s'effilocher, et parfois même par disparaître. Et notre quête de cet amour infini alors reprend... Le cœur se sent vide autant par l'absence d'amour à nos côtés que par ce besoin que nous avons à en donner. Lorsque nous pourrons ressentir ce besoin d'aimer non pas focalisé sur une seule personne mais sur tous ceux que nous rencontrons, nous comprendrons qu'il faut commencer par en donner pour pouvoir en recevoir. C'est cet amour partagé qui nous fait nous ressentir vraiment vivants ! Plus que toute autre richesse, c'est cet amour-là qui donne sens à notre existence. Mais on ne peut recevoir si l'on ne sait pas donner.

Vivre infiniment c'est *Aimer infiniment* ! Cet amour est tout aussi invisible que ces mondes de l'Au-delà lorsque nous sommes à cheminer sur la Terre en quête du sens de notre vie. Même humain, l'amour véritable, sincère et profond, nous émerveille, transforme notre vie, nous transporte, nous ferait franchir des montagnes. Ô combien nous le ressentons, combien nous savons qu'il existe, là, au plus profond de nous ! Il n'a pourtant aucune forme, il est silencieux mais vibrant, Il nous anime, néanmoins il n'existe pas en tant que poids ou matière. Il aurait la forme d'une plume s'il devait en avoir une ! Mais sa légèreté n'a d'égale que sa Puissance transformatrice si intense ! C'est vers cet Amour magnifié, sublimé, transcendant, que nous allons au moment où l'âme quitte le corps physique par le processus qu'on appelle « mort »...

Conclusion

La présence de l'Amour est déjà là, vivante en nous, dans notre âme... Si nous laissons s'exprimer cette présence, tout notre être rayonne d'une Lumière visible à celui qui en a besoin. L'Amour est la seule chose en nous qui n'a pas d'âge, qui ne vieillit jamais, qui reste toujours vivant en notre cœur. Dans son invisibilité, l'Amour aspire toujours à retourner à Sa Source. Et pour cela, il doit se séparer de tout ce qui le retient à la Terre. C'est pourquoi l'âme qui le contient doit se dévêtir de cette matière usée qu'est le corps physique, avec ses attachements, son ego, autant de poids qui ne peut l'accompagner dans son élan vers les Hauteurs d'où elle vient. C'est cela que nous appelons la «mort», mot auquel je préfère donc le terme de «transition»... Cet Amour, que nous avons toujours cherché à l'extérieur alors qu'*il était déjà là en nous* profondément, peut alors s'élever vers la Source dont il est issu !

C'est à ce postulat que je souhaitais vous inviter en écrivant ces pages et c'est dans cette intention que, pour mener à bien ce livre, j'ai demandé qu'il me soit donné la grâce de parvenir à amener le lecteur à percer avec moi ce que nous pourrions appeler «le secret de la mort et de la Vie Éternelle». En fait il n'y a pas de secret... Juste une réflexion logique accompagnée d'un regard spirituel plein d'Amour qui mène chacun à la Vérité dès que, sincèrement, on cherche le sens de sa Vie. Celui qui cherche trouve. Et comme le disait ma chère maman lors d'une conversation sur cette Vie d'après la vie, quelques semaines avant de quitter la Terre, «je crois que nous ne serons jamais au bout de nos découvertes » !

Pour terminer ces pages, j'aimerais partager avec vous un poème que j'ai relevé dans un livre que je vous recommande fortement, intitulé *La Mort est une question vitale* d'Elisabeth Kübler-Ross. Ce poème a été écrit par Richard Allen[1].

---

1. Richard Allen (1760-1831) : né dans l'esclavage à Philadelphie, en Pennsylvanie, il est devenu un éducateur, écrivain, ministre et fondateur de l'Église épiscopale méthodiste africaine.

N'ayez plus peur de la mort

« Lorsque tu aimes, donne tout ce que tu as.
Et lorsque tu as tout donné, donne encore plus, et oublie le mal qu'il t'en coûte.
Car quand tu te retrouveras face à la mort,
seul comptera l'amour que tu auras donné et reçu,
Et tout le reste – les réussites, les luttes, les combats – disparaîtra de ton esprit.
Que tu aies beaucoup aimé, voilà tout ce qui comptera,
Et la joie de cet amour t'accompagnera jusqu'à la fin.
Mais si tu n'as jamais aimé, la mort viendra toujours trop tôt,
Et elle sera terrible à regarder. »

Remerciements

Avant tout, je voudrais saluer ici l'âme d'Anne-Marie, ma grande amie, témoin de mon mariage avec Bruno il y a trente et un ans de cela. Elle a quitté ce monde il y a deux mois après plusieurs années de souffrances dues à une maladie auto-immune paralysante, et s'est élevée dans la Lumière trois semaines avant que ne commence l'écriture de ce livre. Je la soupçonne de m'avoir réveillée la nuit qui a précédé son inhumation pour me rappeler Clérivaux, cet endroit idéal qui allait pouvoir m'accueillir durant tout un mois afin d'y trouver l'inspiration et le calme nécessaires à la réalisation de cet ouvrage. Amour et gratitude, Anne-Marie, pour ce rappel bienvenu au moment où j'y pensais le moins... Merci aussi pour la grande leçon de courage que vous m'avez donnée, chaque fois que j'ai pu venir vous accompagner dans cette belle région où nous nous sommes connues. Vous restez à jamais dans mon cœur avec votre sourire lumineux qui semblait éclairer chaque endroit où vous vous trouviez. Je suis fière d'avoir été – et de rester – votre amie...

Mes remerciements vont aussi tout naturellement à Denise et à son mari qui m'ont hébergée si souvent dans leur maison aussi accueillante qu'eux-mêmes, chaque fois que je venais voir mon amie. Denise était « un pont » entre nous et m'a permis d'avoir toujours un regard à distance sur l'état de santé d'Anne-Marie. C'est elle aussi qui m'a fait connaître il y a deux ans la Maison Forte de Clérivaux, ce lieu hautement inspirant où j'ai pu me livrer aux joies et aux émotions de l'écriture de cet ouvrage. Merci Denise, à vous et à votre époux, pour tout le dévouement dont vous avez fait preuve tant auprès de mon amie que de moi-même ; merci pour nos échanges spirituels et pour les moments de détente, pour les concerts et les films qui m'ont obligée à quitter chaque dimanche le sérieux de ma « retraite d'écriture ».

Il me faut aussi remercier Anne et Pierre pour leur accueil chaleureux dans leur « Petite Maison d'Amis » telle qu'ils l'ont appelée, dans laquelle je me suis sentie chez moi durant ce temps d'inspiration où, le soleil et le chant des cigales aidant, j'étais, malgré tout, un peu comme en vacances ! Les applaudissements d'Anne à chaque chapitre accompli, et les bouquets de tournesols de Pierre qui fleurissaient ma table de travail, ont accompagné mon séjour de joie et de bonne humeur, ce qui était un ressourcement quotidien pour un sujet aussi délicat à traiter que celui de ce livre… Merci de votre amical soutien à tous les deux.

Merci encore à Annie, ma fidèle « relectrice » qui apporte toujours un regard professionnel et amical mais aussi spirituel à mes écrits depuis bien longtemps. Elle a toujours le sens du détail qui va ajouter un petit plus au bon endroit pour que le texte soit parfois plus simple au lecteur.

Merci également aux deux hommes de ma Vie, Bruno et Jonathan à qui je dédie ce livre. Tous deux m'accompagnent depuis plus de trente ans sur mon chemin d'évolution, dans cet Amour inconditionnel dont je me sens en permanence l'objet, avec tant de reconnaissance… Cet Amour indéfectible m'accompagne et me réjouit chaque jour depuis qu'ils sont dans ma vie et, je le sais, continuera de m'accompagner bien après que je serai partie retrouver les espaces d'Amour infini de « la Vie d'après »…

Remerciements

Je remercie de tout cœur Jean-Jacques Charbonier qui a accepté spontanément de préfacer ce livre. Ayant déjà accepté de témoigner de la survie de l'âme après la mort, il y a plusieurs années, dans l'association Vie après Vie que nous avons animée durant vingt ans avec mon mari, il n'a pas hésité encore aujourd'hui à s'engager dans le soutien de cet écrit. Un tel gage de reconnaissance pour mon engagement dans l'accompagnement de fin de vie et du deuil me va droit au cœur. Sa confiance m'honore… Merci du fond du cœur, Jean-Jacques.

Enfin, il me faut remercier tous ceux qui apparaissent dans les pages de ce livre, au fil des histoires de mes expériences vécues, qui m'ont permis de grandir à la fois dans ma vie terrestre et dans ma vie spirituelle. Ils sont tous les personnages importants que j'ai souhaité rencontrer – avant même que je m'incarne dans cette vie – pour réaliser ce que j'appelle ma « pièce de théâtre » personnelle ! Ils m'ont permis d'avancer et d'accomplir au mieux ma *mission* sur cette Terre et je suis en gratitude envers chacun, quel qu'ait été leur rôle.

Je suis aussi infiniment reconnaissante envers tous ceux qui m'ont encouragée à cette écriture devant laquelle j'ai hésité longtemps. Il n'est pas facile de dévoiler des faits parfois personnels et intimes qui cependant peuvent « parler » à beaucoup. Car nous sommes tous des pèlerins en chemin qui allons à travers les aléas d'une vie que nous voudrions toujours belle et qui, cependant, relève souvent du parcours du combattant… jusqu'à ce que nous rencontrions notre propre Lumière… C'est à cette fin que ces lignes ont pu s'écrire.

Je n'oublie pas non plus d'adresser ma gratitude aux Présences lumineuses et aimantes qui, comme toujours, ont accompagné mon travail en me soufflant les justes mots pour toucher les âmes de ceux qui auront ce livre entre les mains…

Bibliographie

Les Évangiles

ABD-RU-SHIN : *Dans la Lumière de la Vérité* – Éditions Françaises du Graal, 1980

ALEXANDER Eben : *La Preuve du Paradis* – Guy Trédaniel Éditeur, 2015

ARNASSALON Rodolphe : *Eluhdia* – Éditions des Trois Monts, 2008-2010

BEERLANDT Christiane : *Les Clés de l'autolibération* – Altina Éditions, 1999

BRUSSEL Seymour : *Le Corps autoguérisseur* – Dervy Livres, 2008

CHARBONIER Jean-Jacques : *Les 7 bonnes raisons de croire à l'au-delà* - Éd. Trédaniel, 2012

La mort expliquée aux enfants, mais aussi aux adultes – Éd. Trédaniel, 2016

DRON Nicole : *45 secondes d'éternité* – Éditions Kymzo, 2009

Dis mamie, comment on vit quand on est mouru ? – Éditions Kymzo, 2016

DUQUESNES Jacques : *Jésus* – Éditions Desclée De Brouwer – Flammarion, 1994

N'ayez plus peur de la mort

Kübler-Ross Elisabeth: *La Mort est une question vitale* – Albin-Michel, 1997

Maisonneuve Marie-Claude: *Maman, Papa, J'y arrive pas* – Éditions Quintessence, 2008

Mallasz Gitta: *Les Dialogues avec l'ange* – Aubier, 1976

Montaud Bernard: *L'accompagnement de la naissance* – Éditions Édit'As, 1997

Montaud Patricia: *Dialoguer avec son Ange, une voie spirituelle occidentale* – 2007

Odoul Michel: *Dis-moi où tu as mal, je te dirai pourquoi* – Albin-Michel, 2002

Roads Michael: *Un aperçu de quelque chose de plus grand* – Éditions Roadslight, 2013

Triolaire Arlette: *Au commencement était l'Amour* – Éditions le Temps Présent, 2014

Quantique et inconscient – Éditions le Temps Présent, 2011

L'Écrit de l'Âme – Éditions Alphée, 2009 & Le Temps Présent, 2015

Vexiau Anne-Marguerite: *Un Clavier pour tout dire* – Éditions Desclée de Brouwer, 2002

Au cœur de tout homme – Saint-Léger Éditions, 2017

Zeller Aude: *À l'épreuve de la vieillesse* – Éditions Desclée de Brouwer, 2003

Films de Yann Arthus-Bertrand: *Home* (2009) et *Human* (2015)

Composition: Soft Office.

Achevé d'imprimer en janvier 2019
sur les presses de la Nouvelle Imprimerie Laballery
58500 Clamecy
Dépôt légal : janvier 2019
Numéro d'impression : 812405

Imprimé en France

La Nouvelle Imprimerie Laballery est titulaire de la marque Imprim'Vert®